AF308890

FACULTÉ DE MÉDECINE DE PARIS

Année 1877

THÈSE

N° 548

POUR

LE DOCTORAT EN MÉDECINE

Présentée et soutenue, le 27 décembre 1877, à 1 heure.

Par Germain CORTYL,

Né à Cassel (Nord), le 13 février 1852.

Externe des hôpitaux de Paris (1874-1875),

Interne à l'Asile des aliénées de la Seine-Inférieure.

ÉTUDE

SUR LA

FOLIE PUERPÉRALE

Président de la Thèse : M. BALL, professeur.

Juges : MM. { LASÈGUE, professeur.
{ CHARPENTIER, LANCEREAUX, agrégés.

Le Candidat répondra aux questions qui lui seront faites sur les diverses parties de l'enseignement médical.

PARIS

A. PARENT, IMPRIMEUR DE LA FACULTÉ DE MÉDECINE DE PARIS.

31, RUE MONSIEUR-LE-PRINCE, 31.

1877

FACULTÉ DE MÉDECINE DE PARIS

Doyen...................... M. VULPIAN.
Professeurs................ MM.

Anatomie . . . . SAPPEY.
Physiologie. . . . . BECLARD.
Physique médicale. . . . . GAVARRET.
Chimie organique et chimie minérale. . . . . . WURTZ.
Histoire naturelle médicale. . . . . BAILLON.
Pathologie et thérapeutique générale. . . . . CHAUFFARD.
Pathologie médicale. . . . . JACCOUD.
{ PETER.
{ TRELAT.
Pathologie chirurgicale. . . . . { GUYON.
Anatomie pathologique. . . . . CHARCOT.
Histologie. ROBIN.
Opérations et appareils. . . . . LE FORT.
Pharmacologie. . . . . REGNAULD.
Thérapeutique et matière médicale. . . . . . . GUBLER.
Hygiène. . . . . BOUCHARDAT.
Médecine légale. . . . . TARDIEU.
Accouchements maladies des femmes en couche
  et des enfants nouveau-nés. . . . . PAJOT.
Histoire de la médecine et de la chirurgie. . . PARROT.
Pathologie comparée et expérimentale. . . . VULPIAN.
{ SEE (G.).
{ LASÉGUE.
Clinique médicale. . . . . { HARDY.
{ POTAIN.
Clinique des maladies mentales et nerveuses.. BALL.
{ RICHET.
{ GOSSELIN.
Clinique chirurgicale. . . . . { BROCA.
{ VERNEUIL.
Clinique d'accouchements . . . . DEPAUL.

DOYEN HONORAIRE : M. WURTZ

Professeurs honoraires :

MM. BOUILLAUD et baron J. CLOQUET et DUMAS.

Agrégés en exercice.

MM.	MM.	MM.	MM.
ANGER.	CHANTREUIL.	FERNET.	MARCHAND.
BERGER.	CHARPENTIER.	GAY.	MONOD.
BERGERON.	DELENS.	GRANCHER.	OLLIVIER.
BOUCHARD.	DIEULAFOY.	HAYEM.	POZZI.
BOUCHARDAT.	DUGUET.	DE LANNESSAN.	RIGAL.
BOURGOIN.	DUVAL.	LANCEREAUX.	TERRIER
CADIAT.	FARABEUF	LEGROUX.	

Agrégés libres chargés des cours complémentaires.

Cours clinique des maladies de la peau. . . . . . MM. N.
— des maladies des enfants. . . . . N.
— de l'ophthalmologie. . . . . PANAS.
— des maladies des voies urinaires . . . . . . N.
— des maladies syphilitiques . . . . FOURNIER.
Chef des travaux anatomiques . . . . Marc SEE.

Le Secrétaire : A. PINET.

Par délibération en date du 9 décembre 1793, l'École a arrêté que les opinions émises dans les dissertations qui seront présentées doivent être considérées comme propres à leurs auteurs et n'entend leur donner aucune approbation ni improbation.

A LA MÉMOIRE

DE MON PÈRE et DE MA MÈRE

———

A MES SŒURS

A MA FAMILLE

A MES AMIS

A M. Benjamin ANGER

Chevalier de la Légion d'honneur,
Chirurgien de l'hôpital Saint-Antoine,
Professeur agrégé à la Faculté de médecine de Paris.

A M. LE DOCTEUR ROUSSELIN

Chevalier de la Légion d'honneur,
Médecin en chef de l'Asile des Aliénées de la Seine-Inférieure.

A M. LE DOCTEUR A. FOVILLE

Médecin-Directeur de l'Asile des aliénés de la Seine-Inférieure.

ÉTUDE

SUR LA

FOLIE PUERPÉRALE

INTRODUCTION.

De même que nous voyons l'état puerpéral être cause de troubles nerveux moteurs, produire la chorée, l'éclampsie, la catalepsie ; de même le voyons-nous produire les troubles intellectuels qui constituent la folie puerpérale. Parmi ces troubles, il existe aussi plusieurs variétés, manie, lypémanie, etc. Mais par suite de quel ordre de circonstances pouvons-nous expliquer et la nature et la variété de ces troubles ? Les progrès de la science moderne n'ont pu jusqu'à ce jour, reculer que de bien peu, les limites des connaissances acquises à ce sujet par nos devanciers. Aussi n'osons-nous prétendre faire de la folie puerpérale une étude aussi complète, et aussi approfondie que celle des autres maladies. Ce n'est que par l'observation minutieuse et continue de tous les cas qui se présentent, qu'il est possible de soulever quelque peu le voile qui cache à la science cette affection si connue de nom, mais si ignorée dans sa nature intime.

Avant d'aborder notre sujet, il est important de définir ce que nous entendons par état puerpéral. Sous cette dénomination nous comprenons l'ensemble des modifications organiques et fonctionnelles survenues chez la femme, depuis le commencement de la grossesse, jusqu'au retour de la menstruation. Durant toute cette période, en effet, la grossesse, l'accouchement et l'allaitement impriment à l'organisme une manière d'être particulière. Nous ne saurions donc, vu le sujet qui nous occupe, limiter la durée de l'état puerpéral à celle durant laquelle l'utérus, débarrassé du produit de la conception, offre une surface interne suppurante ou susceptible de s'enflammer à divers degrés.

Chacun de ces états, grossesse, accouchement, lactation, offre avec la folie un rapport différent ; aussi dans l'étude des symptômes et des diverses formes det cette maladie, considérerons-nous avec Marcé, dont les travaux nous ont servi de guide, la folie chez les femmes enceintes, chez celles récemment accouchées et chez les nourrices.

CHAPITRE Ier

FOLIE DES FEMMES ENCEINTES.

Au premier abord, le mot de folie des femmes enceintes semble exprimer une idée bien précise, mais pour peu qu'on y arrête l'attention, il est aisé de voir

qu'il y a matière à discussion. En effet, s'il est des cas
où la folie est produite uniquement par l'état de grossesse, il en existe aussi où la grossesse n'est que la
cause occasionnelle, c'est-à-dire une cause plus puis-
sante ajoutée à d'autres causes. Sur trente-huit femmes
atteintes de folie pendant leur grossesse et observées
par M. Morel, on en trouve douze appartenant à la
classe des dégénérées, imbéciles, idiotes, épileptiques.
Dix-sept autres offraient des prédispositions héréditaires, névropathiques ou convulsives. Aussi est-il nécessaire d'admettre deux variétés dans la folie des femmes enceintes. L'une, qu'on peut appeler sympathique,
beaucoup plus rare, l'autre non sympathique. Dans un
cas par exemple, une femme citée par Montgomery
devint maniaque pendant huit grossesses, et huit fois
la manie disparut après l'accouchement. La folie sympathique est dans ce cas bien évidente ; mais qu'une
femme présente dès le début de sa grossesse des anomalies de caractère, qu'elle soit née de parents aliénés
et que ces anomalies devenant chaque jour plus évidentes, finissent par produire la folie, il est difficile alors
d'attribuer à l'utérus la juste part d'action qui lui revient, et le phénomène de la sympathie n'apparaît
plus, que voilé par les causes prédisposantes et l'hérédité.

Cependant, si on réfléchit aux conséquences de l'ac-
croissement progressif du produit de la conception, on
est frappé du rôle immense que doit jouer l'utérus au
milieu de toutes ces circonstances fâcheuses. D'une
part, à cause de son développement graduel, il com-
prime toutes les parties qui l'entourent, amenant ainsi

un ralentissement dans la circulation des membres inférieurs. Dans toutes les parties supérieures si indispensables aux fonctions principales de l'organisme, la circulation est également embarrassée, le sang revivifié dans les poumons et apportant la vie à toute l'économie a plus de peine à remplir sa mission et il circule plus difficilement dans le cerveau comme dans les autres organes. Outre cette action dépendante de la circulation, le système nerveux subit une influence plus directe encore. Au moment de la grossesse on peut considérer l'utérus comme un nouveau centre de vie, tout ce qui s'y passe, toutes les modifications qu'il éprouve, ont leur retentissement sur le cerveau, car les nerfs du grand sympathique et la moelle lui transmettent sans cesse les impressions diverses qui leur sont communiquées. Qu'on joigne à cela les modifications apportées dans le sang par l'état puerpéral, la fibrine augmentée, le nombre des globules blancs accru, l'acide carbonique exhalé en moindre quantité par la surface pulmonaire, et l'on n'aura pas de peine à comprendre tous les dangers auxquels est alors exposée une intelligence déjà vivement ébranlée par les émotions continuelles, les impressions morales si diverses que chacun a pu remarquer chez la femme enceinte.

Cet ensemble de phénomènes qu'on ne retrouve plus après l'accouchement pourra-t-il créer pour la folie des femmes enceintes une manière d'être particulière, capable de la différencier de la folie des accouchées? Nous ne pouvons l'affirmer; toutefois, de l'analyse d'un grand nombre d'observations, nous concluons que pendant la grossesse, la lypémanie est plus fréquente que

la manie. Le contraire existe pour les formes d'aliénation que l'on rencontre après l'accouchement. Ce fait
important à noter appelle immédiatement à l'esprit une
idée peut être trop théorique, mais que nous voulons
néanmoins exprimer.

Dans la grossesse, la congestion des centres nerveux
étant due le plus souvent à des phénomènes de compres-
sion, est évidemment de nature passive ; il n'en saurait
plus être de même après l'accouchement, alors que
l'utérus est presque revenu à son volume normal. C'est
dans ce cas précisément que nous voyons la manie avec
agitation acquérir une plus grande fréquence. Pourrait-on par l'idée d'une congestion active expliquer
cette grande fréquence de la manie. Au moins à l'appui
de notre opinion, nous pouvons dire que dans les cas de
troubles intellectuels survenus par suite de causes produisant dans le cerveau un appel direct du sang, inso-
lations, méningites, delirium tremens, etc., les phénomènes d'excitation maniaque prédominent dans une
très-forte proportion. Dans les diverses formes de lypémanie, il est au contraire très-difficile, sinon impossible,
de trouver une cause capable de faire dans le cerveau
un appel direct du sang. Il n'est personne qui n'ait
remarqué ces lypémaniaques sombres, se tenant quelquefois dans un mutisme qui n'a d'égale que l'immobilité de leur attitude. Par suite de cette immobilité
prolongée, et surtout par suite de la rupture de l'équilibre physiologique établi entre le nombre des mouvements respiratoires et celui des pulsations artérielles
au préjudice de ces dernières, rien n'est plus commun
que de voir survenir aux extrémités inférieures de l'œ-

dème provoqué par la stase de la circulation. Ici nous ne pouvons que constater les phénomènes d'une congestion passive qui doit également exister à un certain degré du côté du cerveau ; mais dans la lypémanie des femmes enceintes, il n'en est plus de même, le développement de l'utérus fournit la cause première de la stase sanguine, et le fait paraît si vrai, que cette cause disparue il n'est pas rare de voir la folie revêtir une autre forme. Griesinger affirme, en effet, que la lypémanie survenue pendant la grossesse se change souvent en manie avec agitation après l'accouchement.

Malgré l'influence très-grande que doit avoir la gêne circulatoire, la lypémanie n'est pas la seule forme d'aliénation mentale qu'on rencontre chez la femme enceinte. Il n'est pas rare de voir la manie avec excitation imprimer à la maladie un caractère distinctif. Il est probable, dans ce cas, que l'énergie des contractions cardiaques a triomphé de l'obstacle apporté au cours du sang ; ou bien que l'excitation transmise aux centres nerveux par la voie du grand sympathique possède une action prédominante. Il serait intéressant, à ce point de vue, d'étudier l'état physique et le tempérament des malades, de rechercher si la forme maniaque est plus fréquente chez les femmes sanguines, fortement constituées ; mais nous n'avons pu jusqu'à présent observer qu'un nombre de malades insuffisant pour pouvoir résoudre cette question. La folie chez les femmes enceintes est en effet beaucoup plus rare que chez les accouchées, et il n'est que rarement donné au médecin aliéniste de l'observer.

Il n'en est pas de même de ces légers troubles intellectuels, de ces perversions du caractère et du sentiment qu'il importe néanmoins de distinguer de la folie. On peut les diviser en deux degrés. A un premier degré on rencontre une antipathie ou une sympathie exagérée pour les personnes ou pour les choses. Mais il est un point essentiel qui les caractérise, c'est que toujours la volonté et le jugement conservent leur empire. « Si je m'écoutais, disent-elles, je ferais telle ou telle chose, mais je comprends que cela me nuirait et nuirait à l'enfant que je porte. »

Le deuxième degré comporte les altérations partielles de la volonté et du jugement. Comme dit M. Dagonnet, la femme fait alors ce qu'elle ne devrait pas faire, parce qu'elle ne comprend pas qu'elle fait mal ou plutôt parce qu'elle ne peut pas jusqu'à un certain point s'empêcher de le faire. La question des envies trouve ici sa place toute naturelle, mais elle nous entraînerait à des détails que ne comporte pas notre sujet. Ce qui en est resté, c'est une volonté pouvant prendre une force si grande chez la femme grosse, qu'elle approche de la monomanie.

La folie se distingue de ces troubles, par l'altération plus générale des facultés intellectuelles. Il est aisé de comprendre que lorsqu'elle débute lentement et que l'on voit les perversions du sentiment et du caractère se prononcer chaque jour davantage, il sera parfois très-difficile de la reconnaître. Pour résoudre une question aussi embarrassante, on ne saurait attacher trop d'importance à l'époque à laquelle ces troubles se manifestent. Il est à remarquer que les troubles indépendants d'un commencement de folie s'observent au début de la grossesse pour atteindre leur summum vers le quatrième mois; ils disparaissent progressivement. Tout au contraire, la folie des femmes enceintes apparaît d'ordinaire dans la deuxième période de la gestation, et ses manifestations vont en s'exagérant jusqu'au moment de l'accouchement.

Avant de terminer ce qui est relatif à la folie des femmes enceintes, nous croyons utile d'insister sur la nature quelquefois toute spéciale des hallucinations qui obsèdent les malades. Les sensations qui partent de l'utérus impriment alors aux idées un cachet tout à fait particulier. Calmeil cite une malade entrée à Charenton qui était enceinte de sept mois, et croyait avoir un serpent dans le ventre. Au moment d'accoucher elle faisait tous ses efforts pour retenir le reptile qui allait dévorer tout le monde. Grande fut sa surprise quand on lui montra son enfant. La guérison eut lieu peu de temps après. Une malade de la Salpêtrière affirmait, étant grosse, avoir dans le ventre un ver solitaire dont elle sentait les mouvements. Ces sensations spéciales se retrouvent parfois dans des circonstances analogues. Nous observons encore, en ce moment, une malade hypocondriaque à l'excès atteinte d'un kyste de l'ovaire. Sous l'influence des sensations diverses produites par le développement graduel de la tumeur, elle éprouve des hallucinations très-bizarres qui toutes ont pour siége la région abdominale.

Le pronostic de la folie chez les femmes enceintes est généralement assez grave; néanmoins, les cas où la guérison est survenue après l'accouchement ne sont pas rares. M. le Dr Espio Delamaëstre, dans son rapport annuel sur l'état des malades internées à l'asile de Bailleul (Nord), en 1870, cite l'observation de trois femmes atteintes de folie pendant leur grossesse.

Chez l'une des malades, atteinte de lypémanie, l'accouchement fut naturel, et n'eut aucune influence favorable sur l'état mental.

Chez la seconde, affectée de manie aiguë, l'accouchement s'est fait avant terme, à six mois, et au milieu du désordre de l'agitation maniaque. Les deux jumelles mises au monde n'ont vécu que quelques jours. Ici la délivrance a eu des conséquences favorables pour la maladie mentale qui, à partir de l'accouchement, s'est améliorée peu à peu. Deux mois et demi après, la malade a pu quitter l'asile dans des conditions satisfaisantes.

La troisième malade était atteinte de lypémanie avec hébétude très-prononcée et mutisme complet. L'accouchement eut lieu à terme; mais la présentation de l'épaule nécessita la version qui fut très-pénible. Les eaux étaient écoulées depuis assez longtemps, le bras faisait issue au dehors, et les manœuvres furent rendues très-difficiles dans cet utérus fortement contracté sur le corps de l'enfant. Celui-ci fut néanmoins extrait, mais dans l'état de mort apparente. Ce ne fut qu'après une demi-heure de soins (bain chaud, frictions, insufflation), qu'il revint à la vie. Les suites de couches furent très-heureuses, et cette femme, de même que la précédente, subit, à partir de ce moment, une amélioration progressive dans son état mental. Elle quitta l'asile, guérie, quatre mois après son accouchement.

Ce dernier fait, intéressant, à bien des égards, ne

l'est pas moins au point de vue de la rareté avec laquelle on voit chez les aliénées l'accouchement présenter une forme anormale.

Tous les auteurs qui ont traité de la folie puerpérale ont insisté sur la facilité avec laquelle les aliénées accouchent, quelques-unes n'éprouvant même que des douleurs très-légères.

CHAPITRE II.

[FOLIE DES FEMMES ACCOUCHÉES.

Relativement à la folie des femmes enceintes, la folie chez les accouchées est beaucoup plus fréquente ; si, en effet, on compare plusieurs statistiques, sur 310 cas de folie puerpérale, on en trouve 27 seulement développés pendant la grossesse, 180 peu de temps après l'accouchement et 103 pendant la lactation. Ces chiffres suffisent pour prouver que la folie puerpérale a sa fréquence la plus grande après l'accouchement ; la multiplicité et la valeur plus grande des causes qui surgissent à cette période de l'état puerpéral en donnent facilement la raison. Ces causes sont de deux sortes : les causes morales, les plus puissantes d'après M. Morel, et les causes physiques. Ces dernières se subdivisent en causes prédisposantes et en causes occasionnelles. Nous en abordons immédiatement l'étude.

CAUSES PHYSIQUES.

1° *Causes prédisposantes. Hérédité.* — En tête de ces causes figure l'hérédité. Sur 56 malades, Marcé en a compté 24 ayant des parents aliénés ; Burrow va plus loin et cherche à démontrer que la moitié au moins des femmes atteintes de manie puerpérale présentent une prédisposition héréditaire.

La question de l'hérédité si importante en pathologie mentale offre dans ses rapports avec la folie puerpérale un côté intéressant à étudier. C'est la précocité avec laquelle elle détermine les accidents chez les mères qui subissent sa fâcheuse influence. Chez les femmes exemptes d'antécédents héréditaires, la folie puerpérale se montre ordinairement à un âge relativement avancé, et après un nombre de grossesses souvent considérable. Chez les femmes prédisposées, au contraire, elle se manifeste ordinairement dès les premières grossesses et à un âge beaucoup moins avancé.

Nous citons à l'appui de cette opinion plusieurs malades héréditaires, dont nous donnons l'observation plus détaillée à la fin de cette thèse.

Obs. IX. — G..., 25 ans, mère aliénée, trois sœurs d'une intelligence bornée.

Obs. XLI. — Q.... 22 ans, mère morte aliénée, primipare.

Obs. XLII. — A..., 25 ans, père bizarre.

Obs. XXVI. — M..., 19 ans. mère alcoolique, sœur aliénée.

Obs. XXVII. — S..., 25 ans, mère morte aliénée.

Obs. XXXI. — L..., 19 ans, père et mère aliénés.

Obs. XL. — L..., 27 ans, frère et sœur suicidés.

Obs. XXXIV. — V..., 33 ans, a déjà eu plusieurs accès, le premier à 25 ans, hérédité du côté paternel et maternel.

Nous pourrions encore citer d'autres faits assez nombreux, mais nous préférons ne comprendre dans cette énumération que les malades observées à l'asile Saint-Yon.

Chose étonnante, l'hérédité qui aggrave généralement le pronostic des affections mentales, semble laisser la folie puerpérale presque indemne de cette gravité.

L'observation XXXIV en est un exemple assez frappant. Néanmoins nous ne voulons pas être trop affirmatif, et il y a à tenir compte de cette remarque que nous empruntons à l'ouvrage de M. Marcé :

« L'hérédité du reste peut quelquefois être soupçonnée avant l'explosion de la folie puerpérale. Elle s'allie souvent à certaines variétés intellectuelles, certaines bizarreries du caractère qui, parfois spontanées, sont plus souvent encore la manifestation d'un vice originel, c'est alors surtout qu'elle est redoutable. »

Anémie et chloro-anémie. L'anémie et la chloro-anémie constituent une cause prédisposante énergique de la folie puerpérale. En effet, dit avec raison M. Hildenbrand, elle favorise les stases sanguines locales, les congestions cérébrales. Dans quelques cas même, on a vu chez les chloro-anémiques se produire des encéphalites partielles avec taches jaunâtres ; le ramollissement et l'ulcération de diverses parties de la substance cérébrale et particulièrement de la substance grise. Parfois, d'après M. Jaccoud, on constate dans les méninges une hypérémie qui contraste avec l'état du tissu nerveux. Ces assertions suffisent pour faire connaître toute l'importance de la chloro-anémie ; importance

d'autant plus grande que cet état morbide affecte le
plus grand nombre des accouchées. Du reste, en dehors
de l'état puerpéral, il produit d'autres troubles nerveux dont le nombre et la variété, depuis cet état particulier que les Anglais ont appelé faiblesse irritable,
jusqu'à une excitation des plus vives, n'échappent à
aucun praticien.

Nombreux accouchements. De nombreux accouchements constituent également une cause prédisposante
de la folie puerpérale. De ce fait ressort une remarque
importante; les maladies nerveuses autres que la folie,
atteignant les femmes en couches, éclampsie, catalepsie
se remarquent surtout chez les primipares, le contraire
existe pour la folie puerpérale, qui atteint de préférence
les femmes âgées ou ayant eu déjà plusieurs enfants.
Sur 54 cas observés par Marcé, il n'y eut que 14 primipares. Tout récemment encore nous pûmes observer
une malade qui présenta des troubles intellectuels à
son neuvième accouchement, et dans l'observation XXIV
nous relatons brièvement l'histoire d'une malade qui
présenta ces désordres à son dix-septième accouchement. Ces faits indiquent que l'acte en lui-même de
l'accouchement n'a pas sur l'explosion de la folie une
influence aussi grande que bien des auteurs lui assi-
gnent. C'est le plus souvent dans un ordre de causes
plus général qu'il faut rechercher la prédisposition.

Age avancé de l'accouchée. L'âge avancé de l'accouchée
peut également entrer en ligne de compte. Il semble
alors que la parturition s'éloigne des conditions phy-

Cortyl.   3

siologiques habituelles, et jette dans l'organisme une plus grande perturbation. Il en est de même d'un long intervalle compris entre deux accouchements.

Obs. I. — Mme S..., âgée de 47 ans, entre à l'asile Saint-Yon, le 28 novembre 1877.

Cette malade a toujours joui d'une santé excellente, et a toujours fait preuve d'une très-grande habileté dans ses affaires, lorsque, il y a quatre mois, elle accoucha d'un enfant très-bien portant.

Vingt-trois ans séparaient cette dernière couche de l'avant-dernière, la santé de Mme S.... n'en fut pourtant pas trop compromise. Elle n'allaitait pas son enfant, malgré cela les seins sont restés très-longtemps volumineux et gorgés de lait. Vers la septième semaine qui suivit les couches, le mari de Mme S.... se préoccupa du changement qui s'était opéré dans le caractère de sa femme. Elle était sans cesse préoccupée de sa position de fortune, se croyait ruinée, parlait presque toujours de gendarmes et de poursuites judiciaires. Elle avait même manifesté des idées de suicide, mais ne les avait jamais mises à exécution. C'est alors qu'il se décida à la faire traiter, et il lui fit passer deux mois dans un établissement hydrothérapique de Rouen. Aucune amélioration ne s'étant manifestée, elle fut conduite à l'asile Saint-Yon.

— 29 novembre. Mme S... est assez abattue; il est difficile d'entretenir une conversation avec elle, et de détourner son attention toujours fixée sur les idées de persécution qui la dominent; aux questions qu'on lui pose elle répond presque toujours par des lamentations sur a fortune qu'elle croit perdue, etc., etc. Par moments elle a conscience des paroles incohérentes qu'elle prononce; elle les attribue à une barre qui, dit-elle, lui serre la tête.

1er décembre. Mme S.... marche continuellement avec une certaine agitation et cherche toujours à se sauver. Mêmes idées de persécution.

Le 4. Même état; ne s'occupe plus des soins de sa toilette, et en la voyant marcher, sa longue chevelure grise tombant sur le dos, on aurait peine à croire cette malade atteinte de lypémanie puerpérale.

Le 12. Même état.

Accès antérieur de folie. La prédisposition qui résulte d'un accès antérieur de folie est facile à comprendre, la folie alors guérit le plus ordinairement comme cet accès antérieur, mais les récidives se produisant à l'époque de la ménopause, puisent dans cette circonstance une gravité plus grande, ou deviennent incurables.

Sexe de l'enfant. Nous ne citons que pour mémoire le sexe de l'enfant. On a rapporté en effet des cas où un enfant mâle donnait lieu à des accidents, et les filles laissaient la mère indemne jusqu'à nouveaux accidents produits par un enfant mâle. Malgré les explications qui en ont été données, nous croyons à de pures coïncidences.

CAUSES OCCASIONNELLES.

Première menstruation. De toutes les causes occasionnelles, la plus importante est sans contredit le retour de la première menstruation. Si cette importante fonction est le plus souvent accompagnée, même chez les femmes les plus saines, de légers troubles nerveux, elle doit avoir une influence bien plus grande sur la nouvelle accouchée, qui depuis un an a été soustraite à son empire. Aussi ne doit-on pas s'étonner du chiffre important que fournit à ce sujet la statistique : sur 44 femmes aliénées depuis l'accouchement, Marcé en compte 11 tombées malades vers la sixième semaine, c'est-à-dire précisément à l'époque du retour des couches.

Cette influence est attestée par des faits nombreux et probants. M. Baillarger cite le fait d'une dame qui, six semaines environ après son accouchement, étant à travailler, sentit tout à coup un désordre singulier dans son intelligence ; elle s'effraie, sonne sa femme de chambre, demande du secours. Bientôt le calme se rétablit, et elle s'aperçoit que ses règles viennent de reparaître.

Dans un autre fait du même genre, il s'agit d'une dame, qui six semaines après son accouchement, étant au théâtre, fut prise tout à coup d'une sorte de délire qui ne dura que peu d'instants, la menstruation se rétablissait aussi pour la première fois.

Difficultés du travail, hémorrhagies. — Certains auteurs ont attribué une importance assez grande aux difficultés du travail, à sa longueur et aux hémorrhagies consécutives ; mais l'expérience ne justifie pas cette manière de voir. Sans doute, pendant l'acte même de l'accouchement il survient quelquefois une grande agitation, de véritables accès de manie. On a même vu des cas où chaque douleur était accompagnée d'un violent accès de fureur. Mais ces phénomènes passagers d'aliénation sont le résultat de la surexcitation très-vive de tout le système nerveux, et aussi d'états congestifs évidents ; ils sont caractérisés par leur peu de durée et méritent surtout l'attention du médecin légiste.

Convulsions éclamptiques. — Les convulsions éclamptiques produisent aussi quelquefois la folie puerpérale. Merrimann, Gooch, Esquirol, Morel et Pelade en rapportent plusieurs faits. Il est à remarquer que, dans la

plupart des cas, l'éclampsie donna lieu à un délire ins-
tantané, très-violent, qui disparut au bout de plusieurs jours chez quelques malades, et persista chez les
autres. Peut-on, dans ce cas, attribuer la manie
puerpérale à de fortes déplétions sanguines, ou bien
à une véritable perversion de l'action nerveuse, qui,
après avoir amené des désordres du côté des mouvement finit par provoquer l'explosion des troubles intellectuels; c'est du moins ce qu'on observe dans
l'hystérie et l'épilepsie où le délire succède souvent
aux mouvements convulsifs. Nous croyons la première opinion surtout applicable aux cas où le délire
disparaît après peu de temps, la seconde convenant
mieux aux cas où la folie ne se guérit qu'après un
intervalle de temps considérable, ou bien aboutit à la
démence et à l'incurabilité.

Obs. II. (Relatée en 1848, par M. le Dr Billod, dans les Annales
médico-psychologiques.) — Mme Marc, 23 ans, tempérament lym-
phatico-nerveux, constitution assez forte, impressionnabilité nerveuse très-grande.

Elle est enceinte depuis neuf mois et présente un œdème considérable ayant précédé le travail de quinze jours.

Le 5 mai, vers le soir, se manifestent les premières douleurs. Col
dilaté de la largeur d'une pièce de 50 centimes environ. Tout semble
marcher à souhait, quand soudain la malade est prise d'un évanouis-
sement complet, sans convulsions. Peu après elle revient à elle-
même; mais presque aussitôt se déclare une attaque d'éclampsie,
bientôt suivie d'une autre et ainsi de suite. À l'arrivée du médecin,
la malade est en accès.

Lavement avec 8 gr. d'asa fœtida; plusieurs cuillerées d'une potion
ammoniacale. J'allais, dit M. Billod, faire une application de forceps
lorsque les attaques se suspendirent et la malade reprit connaissance.
Elle accoucha peu après d'un enfant vivant, mais présentant un

commencement d'asphyxie. Le placenta fut retiré un quart d'heure
après.

Une demi-heure après l'accouchement les attaques d'éclampsie
reparurent à intervalles très-rapprochés et avec une énergie crois-
sante. Une saignée ne coule qu'imparfaitement. Vingt sangsues der-
rière les oreilles. Lavement purgatif. Sinapismes. Je quittai la malade à onze heures du soir dans un état désespéré.

Le 7. Les convulsions ont cessé depuis une heure du matin ; mais
le coma persiste, la respiration est stertoreuse et la malade ne re-
prend pas connaissance. Membres dans la résolution. Vésicatoires
aux deux mollets. Le soir, la sensibilité a reparu et la malade répond par gestes à quelques paroles.

Le 8. La malade parle et reconnaît son entourage ; ses idées sont
nettes, sa mémoire intacte ; elle embrasse avec bonheur son enfant et
son mari. La pupille reste dilatée. Léger mouvement fébrile. Le
soir, état maniaque avec hallucinations et illusions de plusieurs
sens ; la malade voit un diable près d'elle et pousse des cris aigus ;
elle se croit morte, s'imagine avoir les jambes coupées ; sa langue
n'est plus à son dire, qu'un morceau de chair morte et ne tient plus
à rien ; sa main est blessée et elle veut la panser. Pouls à 80, plein,
régulier. Pas de céphalalgie ; du reste, elle n'en a jamais accusé.

Cet état continue les jours suivants. La malade est envoyée à la
Salpêtrière, d'où elle sort ensuite complètement guérie.

Albuminurie. — Entre l'albuminurie et l'éclampsie,
il existe des rapports presque constants de cause à effet,
il n'en est plus de même entre l'albuminurie et la manie puerpérale. Néanmoins, Burnett et Simpson ont rapporté quelques faits de manie puerpérale coexistant
avec l'albuminurie ; bien plus, dans deux cas l'excitation maniaque apparaissait et disparaissait avec l'albumine des urines. A notre avis, l'albuminurie ne saurait
être, dans ces cas, légitimement regardée comme la
cause des troubles nerveux, peut-être même n'en est-
elle que l'effet. Tout récemment encore, à l'association
française pour l'avancement des sciences, réunie au

Havre, M. B. Teissier (de Lyon), a, dans la séance du 25 août 1877, mis en lumière l'existence d'une albuminurie d'origine nerveuse, et il a rapporté plusieurs faits où des phénomènes nerveux graves s'étaient montrés bien avant l'apparition de l'albuminurie.

Chloroforme. — Le D' Webster a publié cinq observations tendant à attribuer à l'emploi du chloroforme pendant l'accouchement, une influence réelle sur la production de l'aliénation mentale. Dans l'une d'elles, la femme qui avait accouché pendant l'anesthésie passa les trois premiers jours qui suivirent la délivrance dans une agitation délirante. Bientôt elle fut prise de manie et dut être transportée dans un asile spécial, d'où elle sortit guérie après un an de traitement. On éprouve un embarras réel à admettre cette cause, surtout en lisant les faits opposés relatés par Simpson. Le chloroforme, néanmoins, ne doit pas être absolument inoffensif, puisque son abus a produit quelquefois une véritable folie par intoxication. M. Baillarger rapporte l'histoire d'un malade devenu aliéné par suite d'un usage immodéré du chloroforme. Il avait pour cette substance une véritable passion et se trouvait dans un état presque permanent de délire. La guérison ne put être obtenue qu'en supprimant peu à peu l'emploi de ce dangereux agent.

Fièvre de lait. — Inflammations de la glande mammaire. — Au premier abord, la fièvre de lait semble devoir jouer un rôle important dans la production de la folie puerpérale, et lorsque celle-ci se déclare peu de jours

après l'accouchement, on ne manque généralement
pas de l'invoquer comme cause. Si cependant on réfléchit à la légèreté des troubles qu'elle produit, on est
forcé de reconnaître que cette influence jouit d'une ré-
putation usurpée. Plus d'une fois, à la Clinique d'accouchements, nous avons vu M. le professeur Depaul
insister spécialement sur la bénignité des troubles que
la fièvre de lait entraîne à sa suite. Il n'en est pas de
même des inflammations de la glande mammaire qu'on
voit se produire assez souvent chez les nouvelles accouchées; l'inquiétude, les souffrances qu'elles produisent,
les craintes exagérées d'une opération sont bien de nature à vivement impressionner le moral, et les cas où
l'on a vu la folie se produire à leur suite ne sont pas
rares.

Nous empruntons à l'ouvrage de M. Marcé l'observation suivante :

Obs. III. — Cadiou (Marie-Françoise), couturière, âgée de 28 ans,
entre le 12 mai 1856 à la Salpêtrière dans le service de M. Baillarger.

Cette femme d'une constitution assez robuste ne présente que des
influences héréditaires à peine appréciables. Sa mère a eu 22 enfants
dont 5 seulement sont vivants. Une sœur et une cousine sujettes à
des accidents nerveux convulsifs. La malade a eu une première grossesse assez difficile durant laquelle son caractère devint très-iras-
cible.

Un an après, seconde grossesse, l'irascibilité reparut, l'accouchement se fit sans incident fâcheux le 18 février 1856.

Pendant quinze jours la malade fut parfaitement saine d'esprit,
quand au bout de ce temps les deux seins commencèrent à s'engor-
ger, et trois abcès se manifestèrent à chacun d'eux ; la douleur devint assez vive pour amener de l'agitation et de l'insomnie, et tous
ces symptômes s'exagérèrent encore lorsqu'il devint nécessaire de pra-
tiquer plusieurs incisions ; la dernière opération faite à la fin d'avril

après un mois de souffrance, fut suivie d'une grande exaltation, et quelques jours après, de délire : la malade, en proie à des hallucinations voyait autour d'elle des animaux qui voulaient la dévorer et entendait des voleurs faisant du bruit dans la chambre voisine. Survinrent bientôt des scènes de violence ; elle manqua de jeter son enfant par la fenêtre et mettait tout le monde hors de sa chambre, criant partout qu'on voulait l'assassiner.

Lorsqu'elle entra à l'hôpital le 12 mai, elle était complètement maniaque, cependant de temps à autre il y avait quelques intervalles lucides et la malade avait conscience de son état. L'abcès du sein suppurait encore. On le panse convenablement, on donne des purgatifs et des bains prolongés.

Le 20. La malade crie, chante, pleure, déclame, l'agitation ne semble pas se calmer, les abcès des seins suppurent toujours. Eau de Sedlitz, bains prolongés.

Le 28. Un peu d'amélioration.

Dans le courant de juin, les abcès finissent par se tarir, l'exaltation se calme sensiblement, mais la malade reste impressionnable, colère et acariâtre, elle ne déraisonne en aucune façon.

Le 10 juillet. — Les règles apparaissent pour la première fois, elles durent cinq ou six jours et ne s'accompagnent d'aucune modification de l'état mental ; la malade répond parfaitement aux questions qu'on lui adresse, mais avec les gens qui l'entourent, elle conserve un caractère difficile et des emportements inexplicables; le moindre bruit la met hors d'elle-même, parfois elle rit et chante sans motifs, souvent elle va se mettre la tête sous la fontaine en disant qu'elle en éprouve un grand bien. Pendant la dernière quinzaine de juillet cette exaltation s'est un peu calmée, la malade s'est mise à travailler, elle est devenue plus tranquille, le sommeil et l'appétit ont repris leur régularité, les colères ont été en s'atténuant, et le caractère s'est modifié sensiblement; la sortie a eu lieu à la fin de juillet.

Dans l'observation XIII, (personnelle) que nous publions plus loin, les abcès du sein paraissent également avoir joué un rôle considérable dans la production de la maladie, mais tandis que la malade qui fait le sujet de l'observation de Marcé offre le type de la

Cortyl.   4

manie avec une excitation très-grande. Mme D..... est
au contraire plongée dans la stupeur ; chez elle d'autres
causes sont venues s'ajouter à celle que nous venons
de signaler. D..... avait sans cesse à lutter contre les
mille préoccupations que la misère entraîne à sa suite,
de plus elle était très-malheureuse en ménage. Les
causes morales, en un mot, venaient s'ajouter aux causes physiques chez une personne dont la santé chance-
lante dénote une misère physiologique profonde. Les
causes morales en effet ont sur la production de la folie
une influence considérable, et bien que leur étude soit
compliquée, nous ne sommes pas moins forcé de nous
y arrêter.

Des causes morales. — M. Morel, dans un de ses premiers travaux, a parfaitement mis en évidence l'influence des causes morales sur la production de la folie
puerpérale, le mémoire qu'il a publié sur la monomanie des femmes en couches paraît n'avoir d'autre but
que de faire ressortir l'importance capitale qu'il assi-
gne aux causes morales, celles-ci, d'après lui, seraient
quatre fois plus puissantes que les causes physiques.
M. Moreau de Jonnès prétend au contraire assigner le
premier rang aux causes physiques, mais hâtons-nous
de dire que, dans la plupart des cas, ces deux ordres
de causes sont associés, elles sont *mixtes*, c'est le nom
que M. Morel leur donne dans ses derniers écrits.

Les causes morales ne nous semblent pas capables
d'avoir une classification bien nette, elles sont aussi
nombreuses que les émotions diverses qui, suivant le
degré de susceptibilité individuelle, vont, si elles sont

poussées à l'extrême, produire au centre même de notre entendement les plus graves désordres. C'est ainsi
par exemple qu'une vive frayeur peut rompre tout
l'équilibre établi entre nos diverses facultés intellectuelles, cette frayeur, chose assurément immatérielle
et ne pouvant être perçue que par l'intelligence qu'elle
ébranle, produira des effets d'un ordre tout à fait in-
verse, et pouvant être perçus par tous ceux qui seront
à même d'en être les témoins. Comment expliquer le
tremblement des véritables accès d'hystérie, des convulsions épileptiformes, la chorée elle-même succédant
à une vive commotion morale. La science reste muette
devant ces faits et ne peut que céder la place à une
scrupuleuse observation. On peut néamoins diviser les
causes morales, comme les causes physiques, en prédisposantes et occasionnelles.

Causes morales prédisposantes. — Parmi les causes morales prédisposant à la folie puerpérale, on peut ranger
une certaine manière d'être du caractère de la femme
pendant sa grossesse: tristesse habituelle, préoccupations incessantes, relatives tantôt à sa propre situation,
à l'issue probable de son accouchement, tantôt à l'a-
bandon d'un lâche séducteur, tantôt à l'enfant qu'elle
porte dans le sein, en un mot, à ce qu'elle a de plus
cher. Ici c'est un sentiment de personnalité exagéré ; là
c'est l'amour ou bien le sentiment maternel, qui, pous-
sés à l'excès finissent par acquérir une sorte d'activité
maladive. Chose importante à remarquer, la folie qui,
dans quelques-uns de ces cas, survient après les couches, se ressent de la nature des impressions qui l'ont

préparée peu à peu. La forme lypémaniaque est alors
la plus fréquente.

Causes morales occasionnelles. — En lisant avec soin
les observations où une cause morale occasionnelle a
produit l'explosion de la folie, on est frappé de la fréquence avec laquelle celle-ci se dessine sous forme de manie avec agitation. Nous ne saurions nous étendre sur
la diversité de ces causes, on y voit se succéder
la frayeur, un amour-propre fortement contrarié,
les déceptions, mais les chagrins y occupent la place la
plus importante. Pour mieux mettre en vue l'influence
qu'elles possèdent, nous empruntons quelques faits
signalés par les auteurs qui ont traité de la folie puerpérale.

OBS. IV. Dans une observation de manie puerpérale publiée par
M. Révolat, la malade, Mme A. D.... vit une voiture rouler rapidement dans la rue, au devant de sa porte où jouaient alors deux de
ses enfants. Elle se persuade que l'un d'eux qu'elle n'apercevait plus
avait été écrasé par les roües de la voiture. A l'instant même la folie
s'était déclarée. Elle était caractérisée par un délire maniaque parfois
violent et par intervalles beaucoup moins intense. La guérison fut
lente à s'établir, et ce ne fut qu'au bout de deux ans que la malade
put quitter l'asile de Bordeaux.

OBS. V. Extraite du mémoire de M. Cullerier sur la lypémanie
stupide.

Mme A..., âgée de 31 ans, primipare, accouchée depuis un mois
environ, est amenée à l'asile le 10 avril 1872. Elle se mit en route
un vendredi avec son mari et son jeune enfant pour aller visiter sa
mère à quelques lieues de là, lorsque au moment de monter en voiture, une commère voisine lui fit remarquer qu'il était imprudent
de voyager un vendredi et qu'il lui arriverait sûrement malheur.
Mme A..., crédule et superstitieuse fut vivement frappée de ce si-
nistre augure ; pour comble de malheur la voiture versa pendant la
route, et lorsqu'on releva notre malade, bien qu'elle n'eût aucun

mal, et que son enfant fût sain et sauf, on s'aperçut qu'elle était folle. Mélancolie avec stupeur. Guérison au bout de quinze jours. Fonctions intellectuelles non supprimées pendant la période de stupeur.

Obs. VI. Extraite du Journal de médecine mentale de M. Delasiauve.

X.... avait, étant enceinte, épousé un homme qui ignorait son état. Il l'aimait et avait dévoré cet outrage en silence. Elle accouche une seconde fois. Son mari rentrant un soir, un peu échauffé, dit en contemplant son enfant : « Celui-là au moins me ressemble. » Ces simples paroles furent pour la malheureuse un coup de foudre. Bientôt son regard s'anime, ses yeux se troublent, ses réponses sont incertaines, son imagination est assaillie de fantômes menaçants. Trois jours après elle avait cessé de vivre.

Si, pour nous résumer, nous embrassons d'un coup d'œil général tout ce qui est capable de produire ou de favoriser le développement de la folie puerpérale, abstraction faite de l'hérédité, nous ne tardons pas à reconnaître que toutes les causes indiquées peuvent se ranger en trois groupes. Premier groupe : causes dépendant d'une action propre à l'utérus : cette action se manifeste aussi en dehors de l'état puerpéral, les cas de folie intimement liée à la menstruation, au développement de tumeurs utérines, sont loin d'être rares. — Deuxième groupe : causes dépendant de l'influence causée par les divers troubles physiques inhérents à l'état puerpéral lui-même, anémie, etc.

Un troisième groupe renferme toutes les causes produites par les influences morales, impressions diverses, etc.

Notons enfin que, dans la plupart des cas, les accidents sont produits par l'une ou l'autre de ces causes associées (causes mixtes).

SYMPTOMATOLOGIE.

Pour faire une description complète de la folie puerpérale chez les femmes récemment accouchées, il est
indispensable de réunir tous les cas qui se présentent
en trois groupes.

Dans un premier groupe on peut ranger tous les cas
de folie qui ne sont plutôt qu'un délire intimement lié
au travail lui-même de l'accouchement, folies transitoires, c'est aussi le premier par ordre d'apparition.

Un deuxième groupe qui, pour l'apparition et pour
la cause est beaucoup plus voisin du premier que du
troisième, comprend les cas de folie produits par des
accidents puerpéraux immédiats.

Un troisième groupe enfin renfermant tous les cas
de folie puerpérale proprement dite ; c'est à ce dernier
qu'il faut attacher la plus grande importance ; aussi,
ne dirons-nous que peu de mots au sujet des deux premiers.

§. 1er. — *Folies transitoires.* — Presque tous les auteurs ont appelé l'attention sur une espèce de délire
maniaque, se révélant presque subitement pendant
ou peu d'instants après un accouchement laborieux ou
naturel. Ce délire peut se prolonger quelques heures ou
même quelques jours. Il est surtout remarquable par
sa violence, et les impulsions irrésistibles qui l'accompagnent d'une façon presque constante. Quand le calme
est revenu, la mère ignore presque toujours ce qui s'est
passé. Il n'est pas rare de voir des femmes sous l'in-

fluence de cette agitation tuer leur enfant ; Osiander cite le fait d'une négresse qui, dans un moment de folie transitoire, s'ouvrit le ventre et retira l'enfant vivant. Elle guérit. Multiplier les exemples serait inutile ; toutefois, nous croyons pouvoir affirmer que son pronostic ultérieur n'est pas toujours aussi bénin que le semblent indiquer les écrits des auteurs. Nous publions deux observations où ce délire, sous l'influence des mêmes causes a été suivi dans un temps plus éloigné de folie puerpérale véritable. Est-ce pure coïncidence ? C'est à des observateurs plus expérimentés que nous de décider.

OBS. VII. — Mme Mélanie H..., âgée de 29 ans, entre à l'asile Saint-Yon le 5 janvier 1866. Cette malade a eu six enfants et deux fausses couches. Chacun de ses accouchements a été immédiatement suivi de deux ou trois jours de délire après lesquels était survenue une guérison complète.

Le dernier accouchement date de sept mois et a été également suivi de folie transitoire rapidement guérie. Cette malade a allaité son dernier-né jusqu'au moment de son entrée à l'asile motivée d'après le certificat médical par des accès de colère ressemblant fort à des accès de manie ! Ces accès n'ont pu être constatés pendant le séjour de la malade à l'asile.

H.... offre au contraire le type de la lypémanie ; elle reste toujours plongée dans une concentration d'esprit dont rien ne peut la tirer, et ne prononce aucune parole.

Un traitement tonique, les bains et les affusions amenèrent chez elle une amélioration progressive, et le 11 février elle put être rendue à sa famille. Il est vrai que cette malade était héréditaire, sa mère était comme elle sujette à des accès très-courts de folie consécutifs aux couches, mais n'ayant jamais nécessité son entrée à l'asile.

OBS. VIII. — Mme H..., âgée de 32 ans, entre à l'asile Saint-Yon, le 13 septembre 1865 atteinte de manie aiguë datant du 6 septembre.

Au mois d'avril 1866, grande amélioration, rechute au mois de mai, agitation toujours très-grande

Cette malade eut il y a six ans, après un accouchement, un violent délire maniaque qui ne disparut qu'au bout de plusieurs jours. Deux ans après, nouvel accouchement, nouvel accès de folie transitoire.

Hérédité : Grand-mère ayant également présenté un délire maniaque après un accouchement.

Comme on peut le voir, ce pronostic est grave surtout chez les malades présentant des antécédenis héréditaires.

§ 2. — *Folie liée à des accidents puerpéraux immédiats.*

Les accidents puerpéraux proprement dits, péritonite, infection purulente, abcès de la région pelvienne, etc malgré l'influence fâcheuse qu'ils peuvent exercer sur l'explosion des délires intenses, nous semblent dans les cas où ils ont accompagné la folie, avoir le plus ordinairement coïncidé avec elle. Mais nous croyons pouvoir ranger parmi eux les inflammations et abcès de la glande mammaire, et puisqu'il existe des observations où ceux-ci ont exercé sur la production de la folie puerpérale une influence réelle, nous nous croyons autorisé à former de la folie produite par ces accidents notre second groupe.

Dans l'observation III, malgré une influence héréditaire fâcheuse, ces accidents paraissent néanmoins avoir joué un certain rôle.

Obs. IX. — Mme Gr..., âgée de 25 ans, accouchée le 2 octobre 1858, entre à Saint-Yon, le 7 octobre. Mère aliénée ; trois sœurs d'une intelligence bornée.

Trois ou quatre jours après son accouchement, Mme G... fut prise d'un délire furieux qui existe encore au moment de son entrée. Elle éprouve des hallucinations de la vue et de l'ouïe, peut-être même du goût, car elle croit que tous les breuvages qu'on lui donne sont empoisonnés.

Le 10 octobre, troisième jour de son entrée, on est obligé de la maintenir à cause de la violence de son agitation. Bain à la suite duquel elle éprouva du calme. Dans la soirée, fièvre.

Le 11. Lochies arrêtées. La fièvre persiste. Administration d'un emeto-cathartique.

Le 12. La fièvre est accompagnée d'une grande prostration. Douleurs abdominales intenses, vomissements.

Le 13. Aggravation de tous les symptômes.

Le 15. Vomissements arrêtés. Ballonnement du ventre..

Le 16. Mort.

Autopsie 24 h. après la mort. Injection du péritoine, surtout dans le petit bassin. Adhérence des épiploons par des fausses membranes blanches, opaques, se déchirant facilement. Surface interne de l'utérus couverte d'une bouillie noirâtre, sinus largement ouverts. Poumons sains. Cerveau présentant une légère infiltration sanguine.

§ 3. — *Folie puerpérale proprement dite.*

Considérés dans leur ensemble, les cas de folie qui se manifestent chez les femmes nouvellement accouchées appartiennent presque tous soit à la manie, soit à la lypémanie. Contrairement à ce qui se passe chez les femmes enceintes, la manie est dans ce cas la forme la plus commune. On rencontre encore, mais beaucoup plus rarement, d'autres formes d'aliénation mentale; certaines monomanies, des délires partiels, voire même, si nous pouvons nous exprimer ainsi, des lésions d'une partie seulement de l'une ou l'autre de nos facultés intellectuelles. Nous en parlerons plus loin.

Pour simplifier l'étude de tous ces désordres, nous croyons préférable de traiter à part chacun de ces états morbides, en commençant par la manie, forme la plus fréquente.

Cortyl.   5

Art. 1. — Manie puerpérale.

Presque tous les cas de manie puerpérale, et il en est
de même de la lypémanie, se manifestent à deux épo-
ques bien distinctes. Les uns vers le sixième jour qui
suit l'accouchement, les autres vers la sixième semaine.
Avec la première période coïncide la fièvre de lait qui
ne nous paraît cependant pas avoir une influence bien
grande sur la production du délire; avec la seconde,
coïncide le retour de la menstruation. L'influence de
cette importante fonction est beaucoup plus grande ;
nous y avons déjà insisté précédemment.

Les limites de ce travail ne nous permettent pas
de faire une description complète de la manie en général ; notons cependant que la puerpéralité, comme pour
beaucoup d'autres affections en aggrave singulièrement tous les symptômes.

Dans les cas où la manie n'a pas un début très-
brusque, un des premiers symptômes et des plus constants est, d'après le Dr Thompson-Dickson, la désaf-
fection de la patiente pour ses parents, son enfant, ceux
qui la soignent ou qui l'approchent. Plus tard, quand la
maladie est nettement déclarée, la perte des sentiments affectifs est quelquefois portée au point qu'une
femme ne reconnaît même plus son mari. Parmi les
causes qui motivent la séquestration, il est très-com-
mun de trouver des violences menaçant les jours de
ceux qui, il y a peu de temps encore, étaient si chers à
la malade. C'est qu'en effet, dans la manie puerpérale,
il est plus fréquent que dans toute autre de voir les ma-

lades céder à des impulsions irrésistibles ; chez elles le délire des actes se joint le plus souvent au délire des idées et du langage. — Une de nos aliénées, très-douce, très-affectueuse en dehors de ses accès, ne peut, au moment où une période d'agitation va succéder à un calme de plusieurs semaines, s'empêcher de se jeter sur ses compagnes. Quand on l'interroge à ce sujet : « Je sens, dit-elle, quelque chose en moi qui m'y pousse. » Nous avons observé une autre maniaque au premier chef, qui se croyant la Sainte-Vierge, apprenant qu'une de ses voisines avait les mêmes prétentions, se précipita sur elle. Elle lui eût fait un mauvais parti si la surveillance des sœurs n'eût été mise en éveil. Dans d'autres cas exceptionnels ce délire des actes a pu être réprimé par un reste de volonté. On connaît le fait cité par Barbier d'Amiens. Il s'agit d'une femme nommée Marguerite Molliens, qui cinq jours après son accouchement, fut prise d'une impulsion irrésistible qui la portait à tuer son enfant. Un jour elle sent son bras se porter involontairement vers un couteau, et se met à crier au secours. On accourt, elle se calme, et avoue en pleurant l'impulsion qui la domine... Soumise à un traitement convenable à l'Hôtel-Dieu d'Amiens, elle fut guérie au bout de six semaines.

Dans ce cas, il est vrai, la malade n'était pas dans une agitation maniaque. Ce fait nous semble néanmoins pouvoir, jusqu'à un certain point, être rapproché des précédents.

D'autres symptômes ont été regardés comme particuliers à la manie puerpérale.

1° Esquirol a dit que chez les femmes atteintes de

manie puerpérale, le facies a quelque chose de particulier; mais pour Marcé, cette physionomie n'est autre
chose que le facies du maniaque associé à cet aspect
particulier de la figure qui distingue les nouvelles accouchées.

2° Il en est de même de l'odeur spéciale attribuée
aux femmes devenues maniaques à la suite de l'accouchement, cette odeur qui n'existe qu'au début, tenant
aux diverses sécrétions des nouvelles accouchées.

3° La coïncidence de l'albumine dans les urines a été
invoquée à son tour comme caractère particulier, surtout par les auteurs anglais. Mais les recherches les
plus minutieuses n'ont pu donner à ce symptôme une
valeur réelle.

4° L'excitation génitale a été également signalée par
quelques auteurs. Ce n'est là qu'une vue purement
théorique de l'esprit; elle manque dans presque toutes
les observations qui ont été publiées.

Le pronostic de la manie puerpérale est généralement
plus heureux que celui de la lypémanie. Quand la mort
survient, elle est presque toujours causée par un délire
aigu à marche très-rapide. Ces cas à marche suraiguë
ont été désignés par les médecins anglais sous le nom
de phrénitis. Ils persistent malgré l'absence de lésions
anatomiques suffisantes, à les regarder comme des
méningites suraiguës, terminées fatalement dès leur
première période.

Comme il est aisé de le remarquer, à part les com-
mémoratifs, il n'existe, ou du moins on ne connaît pas
de symptômes uniquement propres à la manie puerpérale, et capables de la faire distinguer, *à priori*, de la

manie ordinaire. Dans une de ses séances de l'année 1874, la Société médico-psychologique, voulant discuter la question de la folie puerpérale, invita les médecins aliénistes à diriger leurs recherches dans ce sens. Plusieurs travaux furent envoyés, et M. Lasègue en fut le rapporteur; mais, jusqu'à ce jour, cette intéressante discussion a été remise; nous sommes persuadé qu'elle aurait fourni à notre travail de précieux documents.

Art. II. — Lypémanie puerpérale.

Nous avons dit plus haut que la puerpéralité aggrave presque toujours les symptômes de la manie, cette notion s'applique peut-être encore mieux à la lypémanie puerpérale. Si cette affection mentale résulte le plus ordinairement de causes morales et physiques dépressives, on comprend aisément le rôle important que doivent jouer dans sa production le phénomène de la parturition et ses suites, souvent plus redoutables encore que l'accouchement lui-même.

Si la lypémanie diffère de la manie par l'ensemble de ses symptômes, au point de vue de la question qui nous occupe, elle en diffère aussi par l'époque ordinaire de son apparition. La première semaine qui suit l'accouchement est l'époque privilégiée de la manie puerpérale. La lypémanie s'observe le plus souvent vers la sixième semaine. Elle s'accompagne d'un délire roulant sur des choses tristes, le plus souvent les malades se croient en butte à des persécutions de tout genre; que ce délire soit partiel ou général, il ne leur donne

pas cette attitude spéciale qu'on attribue assez souvent
à la lypémanie mais qui appartient à la stupeur. Le
lypémaniaque, bien que souvent paralysé en quelque
sorte par les idées tristes, les craintes exagérées qui
l'obsèdent, peut garder longtemps une attitude immobile et témoigner une indifférence presque complète à
tout ce qui l'entoure ; mais à certains moments aussi,
sous l'influence de son délire triste, il peut se livrer à
une agitation aussi grande que celle du maniaque, et
manifester comme lui les impressions qui font en quelque sorte effervescence dans son cerveau.

Si la lypémanie se rapproche par bien des côtés de
la stupeur, elle en diffère totalement par ce caractère.
Cela n'empêche pas ces deux formes morbides de s'asso-
cier ; au contraire, et nous insistons spécialement sur
ce fait que la lypémanie puerpérale s'unit très-fré-
quemment à la stupeur. Chez les malades que nous
avons pu observer, nous avons été frappé de la fréquence avec laquelle la stupeur venait compliquer la
lypémanie. Peu confiant dans notre expérience encore
novice des affections mentales, nous hésitions à signaler
la fréquence de cette lypémanie avec stupeur. Le hasard,
en effet, aurait pu nous faire mettre sous les yeux un
nombre relativement très-élevé de ces sortes de malades, et nous n'aurions pu sans témérité conclure à un
symptôme fréquent. Mais notre opinion trouve un
appui solide dans cette phrase que nous extrayons
d'un mémoire sur la lypémanie stupide, qui, en 1873,
valut à son auteur, M. Cullère, le prix Esquirol.
M. Cullère dit en effet : « La folie des nouvelles accouchées présenterait-elle une certaine tendance à revêtir

la forme stupide? Nous ne savons, mais nous avons été singulièrement frappé de voir combien la stupeur complique fréquemment la folie puerpérale. Parmi les observations que l'auteur cite à l'appui de sa thèse, nous extrayons les suivantes, relatives à la folie puerpérale.

Obs. X. — Mme A..., âgée de 31 ans, primipare, entre à l'asile, le 10 avril 1872.

A la suite d'une vive frayeur, explosion subite de la folie. Il y a huit jours que l'accident est survenu et les parents de la malade n'ont pu encore lui tirer une parole, sauf pendant la nuit qui suivit l'accident, où elle eut de l'agitation et du délire.

Le regard est terne et hébété, les mouvements embarrassés et rares; les réponses lentes, difficiles, et la voix éteinte. Elle a l'air de ne pas voir et de ne pas comprendre ce qui se passe autour d'elle. Malgré cet état d'hébétude et de stupeur, elle n'est pas malpropre. Un traitement spécial est dirigé contre la sécrétion lactée qui gêne beaucoup la malade dont les seins sont considérablement gonflés.

Cet état se prolonge jusqu'au 23 avril. A ce moment la femme A... semble peu à peu sortir de sa torpeur. Les réponses deviennent de plus en plus nettes et faciles. Elle commence à se livrer à quelques travaux d'aiguille. Elle peut même nous raconter l'accident qui lui est arrivé. La frayeur a été la cause de sa maladie. Les seins sont dégorgés. Elle se trouve beaucoup mieux et demande à voir son mari et ses enfants. Sa sortie lui a été accordée quelques jours après.

Obs. XI. — Alexandrine D..., âgée de 25 ans, ouvrière en étuis, entre à l'asile, le 2 décembre 1871. Elle est enceinte de huit mois. Atteinte de mélancolie avec délire vague des persécutions ; elle éprouve des appréhensions sinistres, elle craint des ennemis, mais ignore lesquels. Peu à peu la dépression augmente et se change bientôt en stupeur légère. Indifférence absolue, réponses lentes et rares, suppression de la volonté. La physionomie exprime parfois une vague frayeur, mais on ne peut lui faire donner d'explications à ce sujet.

Janvier 1872. Alexandrine accouche sans que cet événement modifie en rien son état mental. Les suites de couches ne présentent rien de particulier. Dans les mois qui suivent, toujours la même hébétude et la même stupeur ; c'est à peine si elle répond aux plus simples questions. La malade est soumise au traitement des douches quotidiennes.

Avril. Un moment d'amélioration sous l'influence de ce traitement. Un peu de travail.

Mai. Depuis une huitaine de jours qu'on a suspendu l'emploi de la douche, la stupeur est revenue et la malade a de nouveau cessé tout travail. Elle reste des journées entières immobile, clouée à la même place, sans paraître rien voir de ce qui se passe autour d'elle.

En septembre, Alexandrine D.. éprouve un peu de mieux. Les règles se sont rétablies. Il reste encore il est vrai un peu de lenteur et d'embarras dans l'exercice des fonctions intellectuelles, mais elle s'occupe, a conscience de son état et répond sans difficulté à toutes nos questions.

Elle nous raconte qu'au plus fort de sa maladie, elle se voyait entourée d'ennemis, et qu'elle était constamment sous l'influence d'une crainte impossible à surmonter.

Nous croyons utile de mettre en regard de ces deux observations, celles relatives à deux malades que nous voyons encore chaque jour dans les salles de l'asile Saint-Yon.

Obs. XII. — Angélique F..., âgée de 38 ans, journalière, entre à Saint-Yon, le 24 septembre 1877.

Antécédents. — Cette femme a déjà eu dix accouchements ; l'avant-dernière couche date de 2 ans. Elle éprouva alors au moment de la fièvre de lait une impression très-pénible qui détermina chez elle un accès de folie guérie au bout de quatre ou cinq jours. Elle était très-agitée, ne reconnaissait plus ses proches et commettait des actes déraisonnables. Depuis lors elle avait toujours été saine d'esprit.

Hérédité. — Une sœur entrée à Saint-Yon.

Au dire du mari, Angélique F... a eu durant les trois premières années de son mariage, qui date de 11 ans, de fréquentes attaques épileptiformes. Il estime qu'elles se représentaient environ deux ou trois fois par semaine. Elle se mordait la langue, et au sortir de la crise, il s'écoulait de la bouche une écume sanguinolente. Depuis huit ans, ces attaques ont complétement disparu.

Le 28 juillet 1877. Angélique F... entra à l'hospice général de Rouen, son entrée fut motivée par des troubles intellectuels. Elle était alors enceinte de cinq mois et demi. Elle avait des idées de suicide, et la veille de son entrée à l'hospice général elle avait essayé de se pendre. Durant les derniers jours qu'elle y a passés elle refusait la nourriture, elle dirigeait toujours ses pas vers la fenêtre, se plaignait continuellement, et on avait peine à en tirer quelques mots.

Le 24 novembre. Angélique F... est accouchée depuis quinze jours d'un enfant né avant terme. L'accouchement n'a rien offert de particulier. F... présente tous les signes d'une anémie profonde, pâleur et légère bouffissure de la face, les bords libres des paupières sont enflammés et secrètent du pus qui fait adhérer les cils entre eux, la malade a néanmoins conservé un certain embonpoint, elle pousse des plaintes continuelles et ne répond que par monosyllabes aux questions qu'on lui adresse, il semble du reste que toutes ses facultés sont anéanties par la stupeur profonde dans laquelle elle se trouve.

Le 26. Depuis son entrée à l'asile, F... n'a pas bougé de son siége, elle reste dans une immobilité absolue et témoigne une indifférence complète à tout ce qui l'entoure, son regard est hébété. Elle gâte son linge la nuit et le jour.

Le 2 octobre. Pour la première fois elle marche un peu dans la salle. mais son indifférence est toujours aussi complète, il est impossible de lui arracher une seule parole.

Le 6. Son mari vient la voir, elle ne le reconnaît même pas et ne répond pas un seul mot aux questions qu'il lui pose.

Le 10. Aucun changement dans son état.

Le 11. Prononce pour la première fois quelques paroles incohérentes, la prononciation est difficile, en même temps légère agitation.

Le 12. Cette amélioration ne persiste pas et F... retombe dans la stupeur.

Le 13. Nouvelle agitation, prononce quelques paroles dénotant un délire des persécutions. Refus de la nourriture. Nous sommes obligé de recourir à la sonde œsophagienne. Au moment où nous la forçons à prendre ainsi malgré elle ses aliments, F... se débat, parle avec une certaine volubilité.

Le 14. Nouvel état de stupeur.

Le 15. Ces alternatives quotidiennes persistent jusqu'à ce jour. Angélique F... a, comme le dit la sœur qui la soigne, son bon et son mauvais jour. Son indifférence est toujours la même, néanmoins

Cortyl.   6

l'expression de sa figure dénote une frayeur dont nous ne pouvons apprécier le motif. Elle est toujours gâteuse, et ne prononce que très-rarement quelques paroles.

L'examen des urines n'a révélé aucune trace d'albumine, elles renfermaient un dépôt abondant de mucus que M. Laillier a signalé dans son important travail sur les urines des aliénés.

Le 28. Depuis quelques jours F... passe des nuits très-agitées, elle crie, s'agite et paraît en proie à des hallucinations terribles.

Le 10 décembre. Même état. Mutisme complet. Cependant, la malade se promène seule et lentement durant de longues heures, dans les salles. La marche est un peu embarrassée.

Obs. XIII. — Mme D..., âgée de 27 ans, entre à l'asile Saint-Yon, le 24 juillet 1877.

Mère de deux enfants, cette femme a toujours été très-malheureuse en ménage.

Elle accoucha il y a sept semaines, à l'hôpital du Havre. C'est après son accouchement que débutèrent les troubles intellectuels. D'après le rapport du médecin qui l'a soignée, la maladie était continue, sans intervalles de lucidité. D... était agitée, avait peu de sommeil, mais ne manifestait pas d'idées de suicide, elle proférait des paroles incohérentes et cherchait toujours à s'échapper.

Le 25 juillet. Mme D... est très-pâle, anémiée, elle porte d'une façon très-prononcée le masque des femmes récemment accouchées. Il est impossible de lui faire prononcer la moindre parole, et aux questions qu'on lui pose, elle répond avec une très-grande lenteur par une suite de syllabes auxquelles on ne saurait attacher le moindre sens. L'expression de ses traits indique pourtant une anxiété très-grande. Abcès multiples du sein gauche.

Le 27 juillet. D... reste toujours dans une immobilité complète et est incapable de se livrer à aucune occupation. La vue des aliments est seule capable de la tirer de sa stupeur. D..., en effet, est douée d'un appétit insatiable, elle mange avec gloutonnerie, et on est obligé de s'opposer à ce qu'elle ne prenne la part d'aliments réservée à ses voisines.

Le 10 août. Etat toujours le même. Le sein gauche suppure toujours. Impossibilité complète d'articuler la moindre parole. Même voracité. Circule un peu dans les salles.

Le 15. Elle devient gâteuse et on est obligé de la changer de salle.

Le 25. La suppuration est moindre.

Le 10 septembre. Même état.

Le 7 octobre. Un nouvel abcès s'est formé au sein gauche, une incision assez profonde donne issue à un pus fétide. Au moment où nous nous disposions a faire l'incision, D..., qui depuis son entrée à l'asile n'a jamais su prononcer une seule parole intelligible, se met dans une agitation qui contraste avec sa torpeur habituelle, elle prononce d'une façon intelligible, quelques mots : Maman... Vous me férez souffrir..., ne m'a-t-on pas encore fait assez de mal...

Le 20 octobre. Le sein suppure toujours un peu.

Le 28. Etat toujours le même. Elle se promène un peu dans les jardins. Est toujours gâteuse.

Le 20 novembre. Même état, même mutisme. Toujours incapable de se diriger elle-même. D..., au moment de se coucher, ne se rappelle même pas la place occupée par son lit et il lui arrive souvent de se coucher dans le lit d'autres malades. La vue des médecins lui cause une frayeur très-grande, et quand on s'approche d'elle, elle se sauve effarée.

Le 10 décembre. La situation de Mme D... ne s'améliore pas, cependant elle a plus d'embonpoint que le jour de son entrée à l'asile.

Chez ces deux malades, outre la stupeur profonde dans laquelle elles se trouvent, il nous paraît utile d'insister sur la perte ou plutôt la suspension du langage ; elle résulte probablement de la grande prostration dans laquelle se trouvent toutes les facultés intellectuelles, mais nous l'avons rencontrée aussi dans un cas de lypémanie puerpérale où la dépression et le délire triste étaient beaucoup moins accusés (Observation XVIII).

Chez elles aussi, non plus que dans les observations de M. Cullère, nous n'avons affaire à un état de stupeur proprement dite. La stupidité, en effet, cache chez nos malades un délire tout intérieur, et que révèle parfois la frayeur très-grande imprimée sur tous les traits de leur visage.

Dans la lypémanie puerpérale, comme dans la lypémanie ordinaire, les hallucinations sont beaucoup plus
fréquentes que dans la manie. Ces hallucinations se manifestent principalement la nuit, et, sous leur empire,
les idées de suicide sont également plus fréquentes que
dans aucune autre forme de maladies mentales. Le
Dr Wœbster, dans une statistique de l'asile de Beth-
léem (Angleterre), sur 131 cas de folie puerpérale en
signale 41 où il y avait de la tendance au suicide,
soit 31 pour 100. Plusieurs auteurs affirment du
reste, que les idées de suicide sont plus fréquentes
dans la folie puerpérale.

Art. 3. — Formes plus rares de folie puerpérale chez les accouchées.

1° *Monomanies puerpérales.* — Si les malades atteintes
de monomanie à la suite de leurs couches sont plus
rares que celles que nous venons d'étudier ; elles ne
méritent pas moins d'arrêter notre attention. Chez elles
le délire, au lieu d'être général, est borné à un groupe
d'idées tout à fait restreint, en rapport le plus souvent
avec certaines hallucinations dont les malades recon-
naissent quelquefois au début la valeur exacte, mais
qui, par la ténacité avec laquelle elles se reproduisent,
finissent par ébranler leur intelligence. Au lieu de les
attribuer à un monde imaginaire, elles les regardent
bientôt comme du domaine de la réalité. Ces hallucinations peuvent affecter chacun des cinq sens, le plus
souvent elles sont en rapport avec le sens de l'ouïe et de
la vue, d'autres fois avec ceux de l'odorat ou du goût.

Il nous souvient même d'avoir vu une de ces malades où la sensibilité générale était en cause. La malheureuse, en effet, se croyait de verre ; dès qu'on l'approchait une frayeur subite s'emparait d'elle : « ne m'approchez pas, criait-elle, si vous me touchez, je vais casser. »

Tant que les rapports qu'elles ont avec le monde extérieur, ne touchent pas de près aux idées délirantes isolées qui les tourmentent, ces malades raisonnent parfaitement. De prime-abord on serait tenté de croire à une séquestration arbitraire, mais qu'on vienne seulement à toucher de près aux questions qui sont pour elles l'objet d'un délire limité et l'on ne tardera pas à être frappé du profond contraste qui existe entre la malade du moment actuel et la personne intelligente, parfois même supérieure d'il y a quelques instants. On a vu ainsi se produire, sous l'influence de ces hallucinations persistantes, quelques cas de manie suicide et homicide dont Marcé, dans son beau travail sur la folie puerpérale, rapporte plusieurs exemples.

2. *Perversion de certains appétits.* — Quelquefois, on voit de ces malades en apparence très-saines d'esprit, éprouver tout à coup une véritable passion pour tel ou tel objet. Les unes d'ordinaire très-sobres se sentent prises d'un véritable besoin de boire sans cesse (dypsomanie), d'autres ne peuvent s'empêcher de voler (kleptomanie)

3° *Perte totale ou partielle de l'une ou l'autre faculté de l'intelligence.* — Il nous souvient d'avoir lu l'observation d'une jeune dame devenue malade à la suite de

, ses couches. Elle se rappelait avec une très-grande précision tout ce qui s'était passé dans sa vie, jusqu'à l'époque de son mariage. Tous les faits accomplis depuis cet événement avaient complètement disparu de sa mémoire. Son mari lui-même était pour elle un homme tout à fait étranger ; bref, il était complètement impossible de lui faire croire à des choses qui avaient pourtant aussi bien existé que celles dont elle avait gardé le souvenir.

Nous avons vu à l'asile de Saint-Robert (Isère) une jeune femme, Joséphine X..., primipare, qui étant devenue folle vers le septième mois de sa grossesse, ne conserva plus après son accouchement aucun souvenir des faits relatifs à sa grossesse et à ses couches. En vain lui montrâmes-nous son enfant, nous ne pûmes jamais lui faire croire à la réalité de ce qui s'était passé et il fallut un examen des plus sévères pour ne pas croire à la simulation d'une amnésie en apparence si extraordinaire.

4° *Paralysie générale.* — M. Jules Dubrisay, dans les Annales médico-psychologiques de 1857, a publié l'observation d'un cas très-rare de paralysie générale survenue vers le cinquième mois de la grossesse. Il y eut une rémission très-grande après l'accouchement, mais après une rechute survenue quatre mois après, la maladie se confirma avec les caractères les plus évidents. La malade était âgée de 32 ans.

Le hasard vient de nous mettre sous les yeux une malade qui, à ce point de vue, nous paraît être l'objet d'une observation intéressante.

Obs. XIV.—Mme Louise T..., tisserande, entre à l'asile Saint-Yon, le 20 novembre 1877.

Rien à noter dans ses antécédents, à part une fausse couche qu'elle fit étant enceinte de six mois. Un autre enfant est venu à terme et est âgé de près de 3 ans. Six semaines après son accouchement, Louise T... qui avait toujours joui d'une santé excellente, fut prise subitement de perte de connaissance pendant deux heures ; lorsqu'elle revint à elle il n'y avait pas de paralysie. Le mari nous affirme que depuis cette époque, des changements se sont progressivement manifestés dans son caractère et dans son habitus extérieur ; la mémoire s'affaiblit, elle éprouva un embarras de la parole qui alla toujours croissant, et du tremblement se manifesta dans les membres.

Le 16 novembre. Louise T... eut une crise très-forte pendant laquelle elle perdit complètement sa connaissance, pour ne la recouvrer que soixante-six heures après. Depuis lors les troubles intellectuels sont beaucoup plus prononcés, la malade est incapable de se tenir debout et on est obligé de la porter sur le lit qu'elle occupait lorsque nous la vîmes pour la première fois.

Le 21. Elle était alors dans une agitation assez grande, la face était fortement congestionnée, la parole embarrassée et s'accompagnant d'un tremblement caractéristique des lèvres supérieures. Pupilles dilatées, sensibilité très-obtuse aux deux avant-bras. Incohérence dans les idées. Aux deux mains, tremblement très-prononcé et d'une nature toute spéciale, ressemblant exactement au tremblement qu'on observe dans la chorée, même impossibilité de coordonner les mouvements si, par exemple, on veut faire prendre à la malade une épingle placée sur les couvertures du lit. Louise T... est gâteuse.

Le 22. Agitation plus grande, la figure est couverte de sueur et on est obligé de maintenir par force la malade dans son lit.

Le 23. Un peu de calme.

Le 25. Louise T... se lève un peu et marche avec une très-grande difficulté. Elle répond assez clairement aux questions qu'on lui pose, mais la parole est toujours aussi embarrassée. Pupilles inégalement dilatées.

Le 28. Même état. L... prend une autre malade en affection. Elle se promène avec elle, car elle croit voir en elle une de ses sœurs. Marche toujours pénible.

Le 5 décembre 1877. Le mari nous fournit des renseignement assez précieux pour expliquer le début des accidents. Au moment de se marier, il présentait des accidents syphilitiques secondaires, et contamina sa femme qui fut elle-même assez gravement atteinte.

Le 14. On nous fait voir l'enfant de la malade, qui lui-même nous présente d'anciennes lésions syphilitiques évidentes. La mère est toujours dans le même état et offre au complet tous les symptômes de la paralysie générale.

5° *Agitation maniaque compliquée d'hystérie et d'érotisme.*

Obs. XV. — Deux malades entrées à Saint-Yon, en ont fourni des observations curieuses. L'une, Mme H..., âgée de 17 ans, entre à l'asile le 21 juin 1877, avec tous les symptômes de l'hystérie confirmée. Son accouchement avait été suivi d'une agitation très-grande qui nécessita bientôt la séquestration. Durant la première semaine de son séjour à l'asile, les troubles allèrent croissant, et la guérison survint très-rapidement. La malade sortit guérie le 18 juillet 1877.

Obs. XVI. — Une autre malade, Mme J..., âgée de 25 ans, entre à Saint-Yon, le 3 février 1877. Accouchée depuis quelques semaines, sous l'influence de l'état puerpéral elle présenta bientôt une agitation extrême. Hallucinations de l'ouïe, perte des sentiments affectifs. Des symptômes d'hystérie se manifestèrent peu de temps après son entrée, ils étaient accompagnés de tendances érotiques très-fortes. Aux paroles les plus lascives se joignaient les gestes les plus obscènes et l'on fut obligé de mettre la malade dans l'isolement le plus complet. Un traitement tonique et une médication calmante habilement dirigée produisirent bientôt une amélioration progressive, et la guérison survint avec une rapidité qu'on n'aurait jamais osé espérer. Mme J... put être rendue à sa famille, le 14 avril 1877.

Ces observations sont remarquables, surtout par la rapidité avec laquelle est survenue une guérison qui ne s'est pas démentie jusqu'à ce jour.

C'est l'observation de cas semblables qui a pu faire regarder à tort, suivant nous, par certains auteurs, l'excitation génitale comme un symptôme caractéris-

tique de la folie puerpérale. Mais, hâtons-nous de le
dire, ces cas sont exceptionnels, ils n'en méritent pas
moins de fixer l'attention.

Marcé a, dit-il, « observé à la suite de l'accouchement, une forme particulière de folie qu'il est difficile
de faire rentrer dans les descriptions classiques de la
pathologie mentale, mais dont l'étude n'est pas cependant dépourvue d'intérêt ; peut-être pourrait-on lui appliquer cette dénomination de démence aiguë, donnée
inexactement par Pinel et Esquirol à la mélancolie avec
stupeur et rejetée maintenant par la plupart des auteurs. Il ne s'agit pas, en effet, comme chez les sujets
atteints de mélancolie avec stupeur, d'un délire tout intérieur, caché sous les apparences d'une stupidité profonde, il ne s'agit pas non plus de cette suspension des
fonctions intellectuelles que quelques médecins admet-
tent encore bien à tort selon nous. Ici il y a bien évidemment affaiblissement des facultés intellectuelles ; la
mémoire disparaît, les idées se dissocient, les malades
perdent la notion de la valeur et des rapports des diffé-
rents objets ; seulement, et c'est là le point important,
cette démence qui survient rapidement sous l'influence
d'une hémorrhagie puerpérale abondante, ou de causes
débilitantes d'une grande énergie, guérit non moins
rapidement, grâce à un traitement analeptique suffi-
samment prolongé. On dirait que dans les cas de ce
genre, l'organe cérébral reste parfaitement intact avec
toutes ses propriétés physiques et physiologiques ; s'il
ne peut fonctionner, c'est faute d'une stimulation convenable, mais les forces intellectuelles reviennent vite
dès que le sang a repris sa composition normale et ses

Cortyl.   7

propriétés excitantes. Cet affaiblissement des facultés intellectuelles et surtout de la mémoire, peut être général ou partiel.

« OBS. XVII. — Nous avons observé à la Salpêtrière, un exemple très-remarquable d'affaiblissement général de toutes les facultés intellectuelles. C'était chez une femme jeune encore, mais de constitution chétive, et affaiblie par d'incessantes grossesses et d'abondantes pertes de sang. Les désordres intellectuels qui avaient apparu déjà pendant une précédente grossesse, se montrèrent plus accusés que jamais après un dernier accouchement suivi d'une hémorrhagie considérable, la malade s'égarait dans les rues, elle faisait des potages avec des harengs saurs, elle mangeait du charbon croyant manger du pain, enfin, elle avait oublié les détails les plus élémentaires de son ménage. Cet état n'était accompagné ni d'hallucinations, ni de conceptions délirantes, ni d'aucun symptôme de paralysie générale, à peine existait-il par instants un peu d'agitation. En peu de semaines, sous l'influence du fer, du quinquina, et d'une bonne nourriture, tous ces phènomènes disparurent, et la malade revint à une santé parfaite. »

PRONOSTIC. — TRAITEMENT.

La folie puerpérale est de toutes les formes de folie, celle qui comporte le pronostic le moins fâcheux. Une des raisons les plus puissantes est, sans contredit, l'âge relativement peu avancé dans lequel se trouvent les malades. De plus, dans les cas malheureux où on voit la mort survenir à la suite d'un état maniaque dont la violence est parfois extrême; l'autopsie ne révèle que des lésions cérébrales fort peu appréciables. L'injection des vaisseaux, et les épanchements séreux qu'on rencontre quelquefois, ne peuvent être mis que sur le compte de désordres circulatoires ou d'une altération dans la composition du sang. Il n'en est plus de même dans la paralysie générale, et l'épilepsie véritable qui, pour M. Lasègue, s'accompagne toujours d'une déformation parfois à peine appréciable de la conformation du crâne. Aussi, à mesure que la composition du liquide sanguin se soustrait en quelque sorte à l'influence fâcheuse de la puerpéralité, voit-on survenir une amélioration de plus en plus grande. On ne saurait expliquer par un autre mécanisme, ces guérisons, parfois très-rapides suivies de rechutes et de nouvelle guérison après un nouvel accouchement.

De ce que nous venons de dire, il résulte que le traitement doit surtout avoir pour but de rendre aux liquides de l'économie, leur composition normale, et c'est par une médication tonique bien dirigée qu'on y arrivera le plus sûrement. On a publié des observations où dans la guérison de la folie puerpérale, on attribuait un rôle immense à l'emploi de médicaments qui n'ont eu pourtant qu'une certaine période de vogue, mais la folie puerpérale combattue et guérie par l'emploi des toniques et la simple médication des symptômes, jointe à une hygiène appropriée compte un nombre d'observations au moins égal.

M. Rousselin, notre maître, affirme avoir usé des médicaments les plus préconisés, sans avoir pour cela enregistré un nombre de succès plus considérable. C'est qu'il en est à peu près de la manie puerpérale comme du rhumatisme articulaire aigu, lequel, par sa marche tout à fait irrégulière, caractérisée quelquefois par la disparition brusque de tous les symptômes, fait profiter un médicament érigé en panacée, d'une amélioration subite, inhérente le plus souvent à la nature même de la maladie. Nous ne pouvons cependant passer sous silence les heureux effets du chloral et de l'opium. Leur emploi nous a très-souvent été utile, car en amenant le calme et le sommeil ils ont concouru pour leur part à hâter la guérison. Le chloral nous a toujours paru agir d'une manière plus certaine en l'administrant à deux intervalles assez rapprochés, soit une première dose, un peu avant le repas du soir, et l'autre au moment du coucher.

CHAPITRE III.

FOLIE DES NOURRICES.

Dans les phases diverses qu'ont traversées les sciences médicales, les auteurs ont jusqu'à une époque bien voisine de la nôtre, attribué une influence considérable aux dépôts laiteux et aux métastases lochiales. La folie, suite de couches, était naturellement placée en tête des maladies si nombreuses, ou un lait répandu, ou bien dévié de ses voies naturelles, était la cause nécessaire, sinon évidente de tous les symptômes morbides. Les croyances populaires sont encore de nos jours en rapport avec cette manière d'envisager la question.

Les expériences physiologiques de Magendie, démontrent, du reste, que le lait ne saurait être absorbé en nature. En supposant même qu'il puisse aller répandre son action perturbatrice dans l'économie, les veines mammaires et les lymphatiques de même nom, seraient ses seuls moyens de transport. Ces vaisseaux se rendant en dernier résultat dans le cœur droit, les liquides qu'ils charrient doivent nécessairement passer par les poumons, avant d'être lancés par le cœur gauche dans la circulation générale. Le poumon serait donc le premier organe atteint, mais les autopsies de malades ayant succombé à la violence de la manie puerpérale, n'offrent rien à noter du côté de l'appareil respiratoire, à part, toutefois, les cas où la mort a été déterminée par une infection purulente, coexistant avec la manie puerpérale. C'est dans ces cas aussi qu'on trouve dans les autres organes, péritoine, quelquefois même le cerveau, des abcès dits laiteux, mais dont le microscope a révélé la nature essentiellement différente de celle du lait.

Comme le dit si bien M. Pidoux, les laits répandus sont une idée physiquement fausse, mais ils sont aussi une idée pathologique grossièrement vraie. Qui oserait dire que chez la puerpérale le sang n'est pas imprégné de qualités toutes spéciales, et assez bien connues aujourd'hui, en rapport avec les besoins utérins et, plus tard, extra-utérins de l'enfant. C'est donc cet état particulier du sang, qui semble être une des circonstances les plus capables d'augmenter l'influence déjà si fâcheuse des causes morales. Plus tard, à mesure qu'on s'éloigne des premières semaines qui suivent l'accouchement, cette cause disparaît, et fait place à l'affaiblissement général causé par la lactation. Les données de la statistique rendent mieux compte que toutes les théo-

ries, de l'influence si grande de ces deux causes ; car
en notant avec soin l'époque à laquelle ont apparu les
désordres cérébraux chez les nourrices, on arrive à
classer presque tous les cas en deux catégories, savoir :
1° ceux où l'aliénation mentale s'est produite pendant
les six ou sept premières semaines de l'allaitement, et
2° ceux ou elle s'est produite beaucoup plus tard, après
huit, dix et même vingt mois d'allaitement. Sur 22 cas
de folie chez les nourrices, Marcé en a trouvé 6 ayant
apparu dans les sept premières semaines, les 16 autres,
ont apparu après huit et dix mois.

Ces deux catégories ne sont pourtant pas aussi simples qu'elles le paraissent à un examen superficiel. A la
première période, en effet, sept semaines après l'accouchement, il est difficile de donner à la lactation sa juste
part d'influence, l'accouchement et les nombreux désordres qu'il entraîne, ont encore leur part d'action
qu'il est bien difficile de préciser, et alors, il ne suffit pas
toujours que la femme allaite pour qu'on puisse donner
à sa folie le nom de folie des nourrices.

Si l'on considère ce qui se passe dans la deuxième catégorie de faits, alors que la femme a allaité depuis une
dizaine de mois et plus, les mêmes difficultés se présentent, le sevrage produit assez souvent les accidents qui
ont laissé la nourrice indemne, la femme n'allaite plus
et cependant ce serait une erreur que de ne pas invoquer l'état puerpéral comme cause de sa folie.

Aussi ne doit-on pas s'étonner de voir la folie dans
ses différentes formes, présenter chez la nourrice les
mêmes caractères que chez la nouvelle accouchée. Nous
ne saurions nous étendre sur sa description, sans nous

exposer à des redites inutiles. Il est important, néan
moins, de noter que chez la nourrice et surtout vers la
fin de l'allaitement la lypémanie devient plus fréquente
que la manie. Nous croyons utile d'en rapporter une observation où nous retrouvons comme dans les observations XII et XIII les mêmes troubles du langage, et une
intermittence beaucoup plus évidente dans la production des accès. Si le phénomène de l'intermittence est
en pathologie générale, regardé comme d'un heureux
augure, on ne saurait l'admettre pour les maladies qui
sont du domaine de la pathologie mentale. Tous les auteurs affirment que les formes de folie intermittente
sont les plus difficiles à guérir. Puisse ce pronostic sé-
vère ne pas s'appliquer à notre malade.

Obs. XVIII. — Mme G..., âgée de 32 ans, journalière, entre à l'a-
sile Saint-Yon, le 3 août 1877.

Cette femme est accouchée le 10 décembre 1876, et depuis lors, elle
a toujours allaité son dernier-né. Les cinq précédentes grossesses
n'ont été suivies d'aucun accident.

D'après le certificat d'admission il y a huit ou neuf semaines que
les premiers troubles se sont manifestés, d'abord légers et éloignés,
ils ont ensuite augmenté de violence et de fréquence. Aujourd'hui
elle ne dort pas, se plaint sans cesse, et, prise quelquefois d'accès su-
bits elle frappe où veut frapper son mari et ses enfants.

Le 4 août. Mme G... est abattue, comprend les questions qu'on lui
pose, mais n'y répond que par des gémissements très-brefs et conti-
nuels. Veut-elle parler, elle ne s'exprime que par monosyllabes aux-
quel il est impossible d'attacher le moindre sens. Elle reste immobile des heures entières, pleurant parfois, mais poussant toujours des
plaintes très-brèves. Incapable de vaquer aux premiers soins de sa
toilette. Bains, affusions froides, toniques.

Cet état persiste jusqu'au 7 août, époque où elle s'occupe un peu à
éplucher de la laine.

Le 8. Son langage se modifie, elle prononce assez bien les mots,
mais il est difficile d'attacher quelque sens à ses paroles.

Le 10. Amélioration très-grande. Répond clairement aux questions qu'on lui adresse. Se croit très-coupable. On va tuer ses enfants. S'occupe à des travaux de couture.

Le 15. Etat à peu près le même, néanmoins les idées de persécution ne paraissent plus la préoccuper aussi fortement.

Le 6 septembre. Depuis une dizaine de jours, Mme G... n'a manifesté aucune sorte de troubles intellectuels, et tout faisait prévoir une guérison rapide, mais avec l'apparition des règles a coïncidé une rechute complète. Etat exactement le même que le jour de son entrée.

Le 12. Disparition complète de tous les symptômes, prononciation nette et ne dénotant pas d'idées de persécution.

Le 2 octobre. Mme G... est dans un état très-satisfaisant. Quelques idées tristes persistent encore, elle demande sa sortie avec une sorte de ténacité maladive. Les règles ont apparu.

Le 5. Son mari vient la voir, elle n'est nullement ce qu'elle paraissait devoir être vis-à-vis de lui. Cris, pleurs. Le soir, elle se jette sur une malade, veut l'étrangler. On est obligé de lui mettre des entraves.

Le 6. Plaintes, gémissements, impossibilité d'articuler la moindre parole. L'examen des urines ne révèle aucune trace d'albumine.

Le 8. Amélioration notable. Circule librement dans les salles.

Le 10. Disparition de tous les accidents. Lucidité parfaite dans les idées et les paroles.

Le 25. Nouvelle rechute précédée de violences immotivées, qu'elle veut exercer sur ses voisines, les troubles du langage sont un peu moins prononcés qu'aux précédentes rechutes, elle arrive à faire comprendre le désir qu'elle éprouve de retourner chez elle, mais toutes les paroles sont entrecoupées de gémissements qui persistent toute la journée. Peu de sommeil. Les règles n'ont pas coïncidé avec cette rechute.

Le 27. Amélioration très-grande.

Le 29. Retour à sa manière d'être habituelle. Lorsqu'on l'interroge au sujet des actes de violence qu'elle commet à la veille d'être prise d'un accès : « je ne puis dit-elle m'en empêcher; je sens en moi quelque chose qui m'y pousse. »

Le 6 novembre. On lui permet de se promener quelques heures en ville avec son mari. Tout se passe pour le mieux et Mme G... ne manifeste plus aucun trouble intellectuel.

Le 7. Les règles apparaissent et ne sont suivies d'aucun trouble.

Le 15. Nouvel état de dépression et de mélancolie. Larmes. Langage très-difficile.

Le 20. Amélioration très-grande.

Le 5 décembre. Après une nouvelle période où Mme G... offrait un état très-satisfaisant, nouvelle rechute.

Relativement à la production de la folie chez les nourrices, ce qui prouve l'importance justement attachée à l'affaiblissement produit par la lactation, c'est le contingent que fournissent à nos asiles les classes pauvres. Comparé à celui que fournissent les classes riches, il est énorme. Celles-ci, au contraire, fournissent un plus grand nombre de cas de folie, survenus peu de temps après l'accouchement. Cette différence ne peut s'expliquer que par une susceptibilité nerveuse plus grande chez ces dernières, et tous les moyens que le bien être fournit pour combattre et éloigner les causes d'affaiblissement qu'entraîne après elle la lactation.

La folie chez les nourrices peut avoir une apparition brusque, ou bien elle s'établit lentement et d'une manière progressive. C'est alors surtout qu'au point de vue du pronostic, elle doit inspirer des craintes sérieuses; on ne saurait user de trop de soins pour améliorer une situation déjà gravement compromise, par le retard qu'ont apporté à un traitement convenable, les appréhensions des parents pour l'entrée de la malade dans un asile. Quand la folie apparaît brusquement, elle exerce quelquefois une influence très-grande sur la sécrétion lactée, en la supprimant complétement. Mais ces cas sont des plus rares; Macdonald n'en a vu que 6 sur 40 cas de folie puerpérale. [Le plus ordinai-

Corty].   8

rement l'explosion du délire n'exerce que fort peu ou point d'influence sur la lactation, et il n'est pas rare de constater encore la présence de lait dans les mamelles alors que la malade n'a pas nourri depuis plusieurs mois.

Une observation publiée par M. Reich, de Montpellier, dans les *Annales médico-psychologiques*, et citée par Marcé, est assez curieuse à cet égard.

Obs. XIX. — Marie Sabatier, âgée de 36 ans, fut envoyée au dépôt de mendicité le 13 août 1812 et y resta enfermée presque constamment dans une loge, jusqu'au moment où la nouvelle maison d'aliénées fut créée. Elle était petite, d'un tempérament lymphatique sanguin, elle avait été menstruée dès sa onzième année; mariée dès sa vingt-deuxième avec un soldat déserteur, elle éprouva des chagrins si violents qu'elle tomba dans la démence. Bientôt, revenue de cet état, elle eut 6 enfants dont le premier seul fut viable; cependant d'autres accès d'aliénation mentale survinrent, et furent si rapprochés qu'on se décida à demander la réclusion.

Lorsque je pris le service de la maison d'aliénés, Marie Sabatier, quoique n'ayant que 46 ans, semblait en avoir 60, elle était cependant encore menstruée; ses accès présentaient tous les signes de la manie, s'accompagnaient de fureur et d'hystéricisme, et duraient de quinze à vingt ou vingt-cinq jours; l'intervalle qui les séparait était à peu près égal, et ne se prolongeait jamais au delà d'un mois. Cette marche de l'aliénation mentale, son ancienneté, me la firent croire incurable, et je n'avais nullement l'intention de tenter aucun traitement, quand au mois de février 1823 je m'aperçus que l'aliénée avait du lait au sein. Elle m'assura en avoir toujours eu depuis qu'elle avait nourri son dernier enfant, deux ans avant d'entrer au dépôt de mendicité. J'eus aussitôt l'idée de lui faire allaiter un jeune chien, ce qui réussit très-bien et fut continué pendant six semaines. L'accès qui avait été retardé survint alors, fut très-intense, se calma pendant quatre jours, et reparut plus violent qu'on ne l'avait jamais vu : il dura en tout près de deux mois et fut le dernier. Pendant sa durée la lactation cessa. Trois ans se sont écoulés depuis; et pendant deux jours seulement, vers le milieu de l'année 1824, un plus grand babil et une agitation inaccoutumée, ont semblé menacer d'une rechute. Mais ces symptômes se sont dissipés d'eux-mêmes.

Marie Sabatier a repris le travail, sa menstruation a cessé, elle a acquis un grand embonpoint, et remplit fort bien les fonctions de portière qu'on lui a confiées depuis huit mois.

Dans cette observation, quelque extraordinaire qu'elle puisse paraître, la suppression du lait paraît avoir amené la guérison de la folie. Si on se reporte à la généralité des malades dont nous nous occupons en ce moment, et si on songe à l'affaiblissement que doit nécessairement produire la lactation, il est tout naturel de penser que le sevrage, en mettant un terme à une sécrétion aussi débilitante, doive apporter avec lui une efficacité bien réelle. Il n'en est malheureusement pas toujours ainsi; au contraire, la plupart des faits qui constituent la deuxième catégorie, ceux où la folie apparaît après une période de 10 et 20 mois d'allaitement, coïncident précisément avec l'époque du sevrage. Il existe même quelques faits cliniques, où chez des femmes jouissant d'une santé excellente, et ayant supporté la lactation avec une aisance parfaite, la suppression d'une sécrétion abondante, devenue pour ainsi dire une habitude pour l'économie, détermine un état de pléthore, qui peut devenir le point de départ des accidents. Ceux-ci alors s'exaspèrent quelquefois sous l'influence du fer et des toniques.

Les observations d'Esquirol relatent 19 cas de folie survenus immédiatement après le sevrage forcé ou volontaire, lui-même insiste sur ce fait, que les nourrices et surtout les nourrices pauvres, sont plus disposées à devenir aliénées après le sevrage que pendant l'allaitement.

Malgré les dangers inhérents au sevrage, on ne saurait appliquer ce qui vient d'être dit aux cas où il est du devoir du médecin de supprimer chez certaines personnes les fonctions de l'allaitement. C'est, dit M. Morel, chez certaines femmes nerveuses, héréditairement prédisposées à la folie. Leur santé y est autant intéressée que celle de leur progéniture. Malheureusement ces sortes de malades sont capricieuses, irritables, fantasques ; il est souvent difficile de les plier aux exigences de leur situation névropathique, et quelques-unes ne tardent pas à s'alarmer outre mesure des précautions que l'on prend pour les préserver de la folie. M. Sandras fait justement remarquer que plus tôt l'allaitement est suspendu, mieux les accidents passent. Il faut souvent user de ruse envers ces malades et recourir à des moyens qui tarissent la sécrétion laiteuse, sans qu'elles puissent soupçonner le but de la médication employée. Les préparations iodées et l'extrait de belladone remplissent cette indication. Nous citons en terminant un fait emprunté aux écrits de M. Sandras, où l'extrait de belladone a été d'une utilité bien réelle :

Obs. XX. — Je donnais, dit-il, des soins à une dame qui avait voulu nourrir malgré mon avis. Au bout de six semaines d'allaitement, des douleurs d'estomac, une anorexie presque insurmontable, quelques légères atteintes de névralgie faciale, une faiblesse extrême me donnèrent raison. Je voyais ma malade tomber à l'excès dans l'état nerveux par débilitation que j'avais craint et cependant elle s'obstinait à nourrir encore son enfant. Pour combattre les névralgies faciales, je prescrivis un peu de belladone, en combinant l'administration de cet agent, de manière à ne pas gêner les petits repas que ma malade faisait par force, et à ne pas incommoder l'enfant qui tetait encore. En deux jours la sécrétion laiteuse était presque entièrement supprimée. La malade qui savait mon opinion bien arrêtée contre l'allaitement qu'elle voulait continuer, resta persuadée que, connaissant bien cette propriété de la belladone, je l'avais employée avec l'intention de tarir le lait dans sa source. J'eus beau m'en défendre, elle me remerciait toujours d'avoir fait passer les névralgies, mais elle ne me pardonnait pas de lui avoir joué le mauvais tour de supprimer son lait. Ce fait m'avait donné à réfléchir et dans l'occasion j'ai voulu vérifier si la belladone aurait, en effet, cette propriété. Plusieurs fois depuis je m'en suis servi avec avantage dans les mêmes occasions. En cas pareil j'hésite d'autant moins que je regarde cet agent thérapeutique comme un des meilleurs calmants du système nerveux en général.

A l'appui de notre thèse, nous croyons utile de publier quelques observations inédites, et puisées dans les notes relatives aux malades mises en traitement à l'asile des aliénées de Saint-Yon.

Obs. XXI. — Mme P..., 35 ans, accouchée depuis 22 mois et allaitant encore son enfant. Entrée le 13 janvier 1859.

Les malaises qu'elle éprouvait viennent de l'obliger à sevrer son enfant.

Une sage-femme lui a fait une saignée qui fut suivie d'une augmentation de tous les malaises. Bientôt elle devient mélancolique. Insomnie, idées de suicide, hallucinations, croit entendre la voix de son mari qu'on assassine. On lui place des sinapismes aux cuisses, mais elle s'agite tellement qu'il s'y produit de larges plaies suppurantes; une amélioration notable se montre alors, peut-être par révulsion et la malade sort guérie le 13 mars suivant.

Obs. XXII. — B..., âgée de 38 ans, entre à Saint-Yon le 16 mai 1859. Accouchée un mois auparavant de son septième enfant; quinze jours après l'accouchement, explosion d'un accès de délire. A son entrée à l'asile, faiblesse et anémie très-prononcée, agitation et incohérence des idées. On la soumet à un traitement tonique, opiacés, phosphate de fer et hydrothérapie. La malade entra en pleine convalescence quatre mois après son entrée.

Obs. XXIII. — Mélanie B..., âgée de 24 ans, d'un caractère bizarre depuis quelques années à la suite d'une fièvre typhoïde. Elle est mère de quatre enfants. Elle devint malade, il y a trois mois, à la naissance de son quatrième enfant, et dut s'aliter pendant six semaines. Elle se rétablissait assez bien lorsque reparurent pour la première fois les règles suivies quelques jours après de pertes utérines ; aussitôt éclata un délire bruyant accompagné d'hallucinations de la vue. Elle est d'une grande faiblesse le jour de son entrée à l'asile (16 mai 1859). Mémoire difficile, hallucinations continues. Elle sort au mois d'août suivant, guérie de son délire sous l'influence d'une médication tonique.

Obs. XXIV. — Mme D..., âgée de 46 ans, entre à l'asile Saint-You le 15 septembre 1859. Mariée à 22 ans, elle a eu depuis 17 enfants, et ses couches ont été toutes heureuses, jusqu'à 36 ans. Depuis dix ans, chacun de ses accouchements a été suivi d'un délire passager qui disparaissait ordinairement à la première réapparition des règles. Pourtant à chaque fois le délire prenait un caractère plus inquiétant et aujourd'hui la maladie persiste depuis le dernier accouchement qui remonte à quatre mois, bien que les règles aient coulé deux fois. Cette aggravation paraît tenir au traitement intempestif qu'on lui a fait subir. — Sangsues, saignée du pied.

Aujourd'hui elle présente alternativement des périodes d'agitation et de calme, avec hallucinations violentes et douleurs de tête. On institue un traitement tonique : pilules de fer, iodure de potassium et hydrothérapie. Une amélioration progressive se montre aussitôt et la malade guérie quitte l'asile en décembre 1859.

Obs. XXV. — Mme G..., 44 ans, entrée à Saint-Yon le 18 octobre 1859. Certificat médical indiquant une folie furieuse. La malade est enceinte, elle accouche d'une fille le 2 décembre. Après son accouchement, actes de violences, cris ; elle se lève la nuit, brise les vitres, etc. Puis, elle retombe dans la stupeur jusqu'à la fin de 1859, époque où ses facultés se réveillent un peu, à la suite d'un érysipèle facial qui se termine heureusement. Depuis, elle dort et travaille.

Le 31 août 1860, elle sort, sinon guérie, du moins très-améliorée.

Obs. XXVI. — M..., célibataire, 19 ans, mère ivrognesse, sœur aliénée à 19 ans. Entre à Saint-Yon le 26 avril 1859. Elle a été prise le huit mars des douleurs de l'enfantement, après avoir, la veille encore, battu trente gerbes d'avoine; deux jours après, elle se levait, le 10 mars, pour aller chez ses maîtres reprendre son travail ; on l'obligea à rester chez elle.

Au bout de quelques jours, violente douleur de tête et galactorrhée abondante.

Cinq ou six jours après les couches, agitation très-vive, insomnie, hallucinations de la vue (elle revoit ses maîtres, son enfant, le curé, etc.), gestes tumultueux, fureur; pouls fréquent, appétit nul, haleine fétide. Etat stationnaire pendant quelques jours, puis rémittence.

A son entrée la malade paraît frêle de constitution et amaigrie; elle parle, crie, chante, gesticule, et ne sait ni où elle est, ni ce qui a pu lui arriver.

Au bout de deux mois, le calme se rétablit peu à peu. La guérison, qui peut dater de cet instant, persiste durant les huit mois pendant lesquels on la garde à titre d'essai. Sortie le 15 mai 1860.

Obs. XXVII. — S..., 25 ans, célibataire. Entre le 11 mars 1858. Sa mère est morte à l'asile. Elle est prise, huit jours après ses couches, d'un délire des persécutions et s'imagine qu'on vient la voir pour lui faire du mal, et, chaque fois qu'on entre chez elle, se jette à genou, pensant que ses prières peuvent éloigner les mauvais esprits. Son amant l'abandonne.

Epuisée à son entrée à l'asile, elle est prise au bout de quelques jours d'une exaltation maniaque très-accentuée, danse, se roule par terre, refuse la nourriture. Depuis son passage à Saint-Luc son délire a changé ; elle a des idées de grandeur et de richesse et se croit le roi de France.

30 avril. Amélioration très-grande, qui continue jusqu'au 26 novembre, époque où la guérison devient complète.

Obs. XXVIII. — L..., 21 ans, domestique, célibataire. Entre à Saint-Yon le 14 mai 1858. Accouchée depuis quinze jours. On l'amène dans un état de profonde stupeur qui s'est révélé quelques jours après son accouchement. Caractère apathique, lenteur excessive dans les actes, insensibilité même à de fortes décharges électriques.

Le 11 août 1858, elle sort très-améliorée.

Obs. XXIX. — S... (Elisa), 26 ans, célibataire. Entrée à Saint-Yon le 11 septembre 1859. Accouchée il y a deux mois. Quelques jours après la parturition, alternatives de manie et de mélancolie. Au moment de son arrivée à l'asile, pleurs faciles, gémissements, timidité, mélancolie. Constitution robuste.

Octobre 1859. Amélioration très-grande.

Le 15, elle sort guérie.

Obs. XXX. — D..., 27 ans, entrée à Saint-Yon le 12 avril 1860. La maladie s'est déclarée deux mois auparavant, à la suite d'un accouchement naturel. Sa folie se traduit par une exaltation de la sensibilité et une impressionnabilité plus grande qu'à l'état normal. Aucune agitation maniaque. Elle-même assure que les symptômes se sont déclarés à la suite de la suppression de son lait, déterminée par une fièvre synoque quelques jours après ses couches.

5 avril. Fièvre éruptive ortiée guérie au bout de quelques jours.

23 mai. Guérison.

Obs. XXXI. — Dame L..., 19 ans. Entrée à Saint-Yon le 4 août 1858. Ses parents étaient aliénés; elle-même a eu un accès de manie à 16 ans. Accouchée depuis un mois à l'hospice général de Rouen où elle troublait le repos des malades. Son délire est général et roule sur des idées futiles, ce qui fait croire qu'elle n'a jamais eu une intelligence très-développée. Néanmoins elle a voulu tuer son enfant et se tuer elle-même.

Septembre. Bien que très-faible, et, pour ainsi dire, exsangue, la malade est toujours très-agitée.

Octobre. Calme relatif, travail.

Novembre. En dépit des influences héréditaires, son état est assez bon pour qu'on puisse la considérer comme guérie. Sortie le 9 novembre 1858.

Obs. XXXII. — D..., 30 ans, mariée. Pas d'hérédité. Maladie cérébrale grave à 8 ans. Entrée le 24 février 1866. Mariée à 23 ans et mère de deux enfants. Elle a allaité le dernier pendant trente-un mois, pendant lesquels son mari l'a quittée. Sept semaines avant son entrée elle s'est décidée à sevrer son enfant. Hallucinations fréquentes la nuit, avec idées d'érotisme.

Obs. XXXIII. — L..., 43 ans, entre à l'asile Saint-Yon le 29 février 1868. Pas d'antécédents héréditaires. Il y avait huit ans qu'à la suite d'une couche malheureuse elle était tombée dans la stupeur, mais pour recouvrer sa lucidité d'esprit peu de temps après. Depuis elle avait eu d'autres enfants; mais ses accouchements l'avaient laissée complètement indemne de tout désordre intellectuel. Une de ses filles, âgée de 14 ans, devient enceinte et meurt pendant le travail puerpéral; ce fait, joint à des revers de fortune, détermine chez Mme L..., une aliénation caractérisée durant cinq mois de séjour à Saint-Yon, jusqu'au 1er août 1868, par des idées tristes, larmes, etc. Réintégrée après une longue rémission, le 19 mai 1869. Les idées mélancoliques ont complètement absorbé Mme L... Elle demande sans cesse à sortir de l'asile. Au moment où nous écrivons, en 1877, elle y est encore, avec les mêmes symptômes de dépression morale. Elle répète sans cesse qu'elle meurt de faim, en dépit de sa forte corpulence et de sa face rubiconde. Il n'y a pas d'espoir de guérison.

Ob. XXXIV. — N..., 33 ans, mariée. Entre à Saint-Yon le 15 février 1868. On observe une hérédité très-accusée. Du côté paternel: aïeul mort d'apoplexie; aïeule, de cancer utérin; tante aliénée à Saint-Yon; père aux idées bizarres, au crâne mal conformé. Du côté maternel: aïeul épileptique, etc., malgré cela mort à 80 ans; aïeule également épileptique; mère hystéro-épileptique. Mme V..., devient enceinte à 25 ans. Pendant toute la durée de la grossesse, stupeur et hébétude. Accouchement des plus laborieux, mais heureusement critique au point de vue mental, puisque deux ans se passent sans le moindre égarement psychique.

En janvier 1868, rechute sans cause appréciable : d'abord dépression qui fait que la malade ne reconnaît plus même son mari; puis agitation, hallucinations, tendance au suicide. Après quinze jours passés à l'asile, elle se met à travailler et bientôt sort guérie. Sa fille présente un arrêt de développement physique et intellectuel.

Obs. XXXV. — D..., 43 ans, entre à Saint-Yon le 24 septembe 1874, pour la troisième fois. En 1861, délire avec hébétude intellectuelle à son entrée; elle accouche huit mois après son entrée; son état s'améliore aussitôt, et la malade quitte bientôt l'asile. En 1870, la malade rentra à Saint-Yon dans les mêmes conditions et guérit de nouveau après l'accouchement; on constate chez elle les signes d'une affection cardiaque. En novembre 1874, Mme D.... entre de nouveau à l'asile à la suite d'actes déraisonnables, dont elle a parfaitement conscience. Son état s'améliore bientôt.

Cortyl.   9

Obs. XXXVI. — Mme B..., entrée le 15 avril 1874. Tempérament nerveux. Caractère bizarre avant la maladie. Excitation maniaque depuis six semaines, époque de son accouchement. Actes déraisonnables. Violences, idées de suicide. A son entrée, agitation extrême et cris continus. Sous l'influence du chloral elle redevient calme et entre en convalescence. Elle n'a jamais eu d'hallucinations.

Obs. XXXVII. — R..., 48 ans. Elle entre à Saint-Yon le 28 octobre 1874. Soignée une première fois à l'asile en 1870, pour excitation due à l'état puerpéral ; elle se présente cette fois avec les mêmes troubles rattachés à la même cause. Cette femme est accouchée depuis un mois.

Obs. XXXVIII. — A..., 25 ans, fille-mère, entrée à l'asile Saint-Yon, le 14 décembre 1874.

Cette malade, accouchée il y a six mois, présente depuis un grand affaiblissement intellectuel. Très-excitée depuis quelques jours. Incohérence dans ses paroles et ses actes. Cris continus.

Obs. XXXIX. — D..., 24 ans, mère de deux enfants, entrée à l'asile Saint-Yon le 18 septembre 1875. Il y a cinq mois un premier accès de délire s'est calmé par le traitement à la valériane et l'hydrothérapie. Cette malade accouchée depuis trois semaines est atteinte quelques jours après d'accidents cérébraux caractérisés par des hallucinations de la vue et de l'ouïe, des idées incohérentes et des actes violents.

Obs. XL. — Marie L...., âgée de 27 ans, entre à l'asile Saint-Yon le 21 juin 1869.

Hérédité : père buveur insatiable. Un frère et une sœur suicidés.

L'explosion de la folie eut lieu quinze jours à la suite des couches. Elle refuse la nourriture. Il existe chez elle une perte complète de sentiments affectifs.

Obs. XLI. — Clémence Q..., 22 ans, entre à l'asile Saint-Yon le 12 décembre 1059. Mère morte aliénée il y a six mois. Primipare ; allaitait son enfant depuis deux mois et demi, quand la maladie a éclaté huit jours avant son entrée, elle était dans une alternative continuelle d'excitation maniaque avec dépression mélancolique. Insomnies. Se lève la nuit et cause à des êtres imaginaires. Au moment de son entrée à l'asile, la malade est dans un affaissement moral extrême. Elle répond avec peine aux questions qu'on lui adresse. Appétit à peu près nul.

Le 20. Amélioration notable.

Le 24. Le mari la fait sortir non guérie, mais très-améliorée.

Obs. XLII. — Rosalie A..., 25 ans, entre à l'asile Saint-Yon le 16 mars 1859.

Hérédité : père bizarre, surnommé le toqué. Elle a eu quatre enfants. Fièvre typhoïde à l'âge de dix-sept ans. Caractère devenu anormal depuis cette époque.

Il y a trois mois, et pendant que son mari était en voyage de navigation, A..., seule, et venant d'accoucher, vit tous ses enfants devenir malades, d'où surcroît de fatigue qui la força de garder le lit pendant six semaines. Elle se rétablit assez bien, lorsque, au commencement de mars, les règles reparurent pour la première fois. Huit jours après, pertes utérines abondantes. C'est alors qu'éclata un délire, avec agitation entretenue par des hallucinations de la vue.

Le 17. Faiblesse très-grande, anémie, affaiblissement de la mémoire. A..., ne se rappelle ni du jour où nous sommes, ni du nom de ses enfants; néanmoins elle garde le souvenir des hallucinations qui l'ont tourmentée pendant la nuit. Dans le bain elle croit apercevoir des crapauds.

18 août. Un traitement tonique n'empêche pas la formation de tubercules, et la malade quitte l'asile dans un état de phthisie avancée.

QUESTIONS

Anatomie et histologie normales. — Articulations du pied.

Physiologie. — De la déglutition.

Physique. — Electricité atmosphérique. Lésions produites par la foudre. Paratonnerre.

Chimie. — Des oxydes d'étain, de bismuth et d'antimoine, leur préparation. Caractères distinctifs de leurs dissolutions.

Histoire naturelle. — Des hirudinées ; leurs caractères généraux, leur classification. Des sangsues ; décrire les diverses espèces d'hirudinées.

Pathologie externe. — Du glaucôme aigu.

Pathologie interne. — Des accidents de la dentition.

Pathologie générale. — De l'intermittence dans les maladies.

Anatomie et histologie pathologiques. — De l'hypertrophie du cœur.

Médecine opératoire. — De la valeur des amputations de Chopart, de Syme, de Pirogoff, sous-astragalienne et sus-malléolaire, sous le rapport de l'utilité consécutive du du membre.

Pharmacologie. — De la glycérine considérée comme dissolvant : caractères de sa pureté ; des glycérolés ; comment les prépare-t-on ?

Pharmacologie. — De la glycérine considérée comme dissolvant ; caractères de sa pureté. Glycérolés ; leur préparation.

Thérapeutique. — De la médication vomitive.

Hygiène. Des bains.

Médecine légale. Est-il indispensable, pour affirmer qu'il y a eu empoisonnement, que la substance toxique ait été isolée.

Accouchement. De la rupture spontanée des membranes.

Vu : Le président de la thèse,
  BALL.

Vu et permis d'imprimer :
Le vice-recteur de l'Académie de Paris,
  MOURIER.

www.ingramcontent.com/pod-product-compliance
Ingram Content Group UK Ltd.
Pitfield, Milton Keynes, MK11 3LW, UK
UKHW021447090726
13657UKWH00003B/1269